REINKARNATION

Die Richtigstellung eines Mythos

Eine Aufklärung über die neue Bibel und das neue Wort Gottes an die Menschheit des 3. Jahrtausends

Zusammengestellt & bearbeitet von

Hanno Herbst

Titelbild „Wolkenfänger", gemalt von

Silvian Sternhagel

Herbst - Medien

Jesus:

„Ist die Besserung einer verdorbenen Seele im jenseitigen Mittelreich bis zu einem gewissen Grade erfolgt, so kann sie, wenn sie es will, noch einmal ins Fleisch dieser Erde treten, auf welchem Wege sie höhere Befähigungen erwerben und mit deren Hilfe sogar die Gotteskindschaft erreichen kann.“

[Ev. Bd. 6, Kap. 61, 4]

Zur Buchreihe

„Die großen Lebens- und Kirchenfragen“

Viele Inhalte der Bibel wurden mit den Jahren durch im Geiste *nicht*-erweckte Theologen verändert und falsch ausgelegt, so dass es den Gläubigen unserer Zeit immer schwerer fallen muss, den inneren Sinn des Wortes Gottes zu erfassen und selbst Erleuchtung zu erfahren.

Wie zu allen Zeiten der Menschheitsgeschichte leitet der Herr gerade dann Sein reines Wort zur Erde herab, wenn Finsternis und Wirrnisse am größten sind. Wir leben inmitten der verheißenen Zeit der Wiederkunft Christi, doch darunter, wie auch unter dem gesamten Glaubensleben, stellt sich der moderne Mensch heute etwas anderes vor als es in Wahrheit ist und sein sollte. Viel zu materiell sind die Begriffe vom Dasein geworden, als dass ein geistiges Verständnis vom Leben überhaupt noch möglich wäre. Bildung und Erkenntnis sind schon die Grundpfeiler des zeitlichen Lebens. Der Herr möchte in uns, durch die Erkenntnis der

Wahrheit des Lebens, Seinen Geist erwecken und unsere Gemüter ausbilden zur Liebe und damit zum ewigen Leben unserer Seelen. Der Glaube an das Wort Christi und dessen Befolgung bilden dafür die Grundlage, jetzt und in Ewigkeit. Gott Selbst, in Seiner Wiederkunft als der Christus, dem Geist der Wahrheit aus Seinem Ur-Lebenszentrum der Liebe, lehrt uns hier persönlich in Seinem wiedergekommenen Wort der Neuoffenbarung.

„Reinkarnation“

Über Reinkarnation gibt es die abenteuerlichsten Vorstellungen, doch es gibt weder eine Rückwärtsentwicklung ins Tierische, noch eine Dauerschleife im Irdischen, noch ein Verlust des Bewusstseins. Die Wiederverkörperung auf dieser Erde ist nicht der Sinn des Lebens, denn das Leben ist Geist und nicht die Materie.

Wir Geister haben durch die Benutzung der materiellen Körper der Planeten oder Sonnen lediglich die Möglichkeit zur Heranreifung zu einem vollendeteren Geist, und im Besonderen ist hier die Erde zu nennen, denn diese ist der einzige Planet der zahllosen Universen, auf dem auch Gott Selbst ein Mensch (in Jesus) wurde, um uns diese besondere Mission deutlich zu machen in Wort und Tat.

REINKARNATION

Die Richtigstellung eines Mythos

von Johannes Wilhelm

1. Auflage
Taschenbuchausgabe von 2019
Herbst Medien

ISBN: 9783947465200

Inhaltsverzeichnis

Kapitel 1: Reinkarnation

Vorwort - Wissen um Seelenbildung

Die Reinkarnation in Wahrheit hat nichts mit der asiatischen Lehre zu tun. Es ist so, dass alle Seelen geschult werden auf Weltkörpern in Raum und Zeit (in der Materie) und Jenseits von Raum und Zeit in der Geisterwelt. Denn "In Meines Vaters Haus sind viele Wohnungen.", spricht der Herr.

Das Ziel ist die Rückkehr, des mit Luzifer Gefallenen, ins Vaterhaus. Die Materie selbst ist der Rettungsanker Gottes. Raum und Zeit ist die Begrenzung und Bannung freier Geister in das Gericht der Materie.

Wir alle sind Gefallene Geister, die eine Aufwärtsentwicklung, Freiwerdung durchzumachen haben, wozu uns die Inkarnation ins körperliche Leben helfen soll. Waren wir vor der Einzeugung ins Fleisch schon nicht auf ewig verdammt (obschon uns in der ewigen Verdammnis befindend, weil gottesfern), so werden wir es nach dem Ablegen des Leibes ebenfalls nicht sein. Christus möchte uns aus der Gottesferne (dem geistigen Tod) herausführen. Tod ist nicht etwa Auslöschung durch Gott, sondern die Trennung von Gottes Lebensader, welche allein ein glücklich beseeligendes Leben des Geschöpfes bedingt! Daher Jesus auch den „Toten“ Sein Evangelium predigen kann, denn die Seelen existieren ja noch, bloß ohne Leiber und in unglücklichstem, bedauernswertestem Zustand, weil ohne Lebenswahrheit!

Wenn nun ein Geist (also die Seele eines verstorbenen Menschen) im Jenseits sein Versagen erkennt, so bleibt ihm eine freiwillige Wiedereinzeugung ins Fleisch (Reinkarnation) nicht verwehrt, um die Schule der Gotteskindschaft hier auf Erden abermals durchzumachen. Ebenso ist es einem schon in Christus vollendeten (wiedergeborenen) Geist möglich, sich erneut ins Fleisch einkerkern zu lassen, um am großen Erlösungswerk der materiellen Schöpfung, zur Heimholung der Gefallenen, mitzuwirken und sich als Gefäß Gottes diesweltlich gebrauchen zu lassen, wie wir dies auch aus der Bibel, z. B. vom Elias wissen, der im Johannes dem Täufer abermals inkarnierte, so wie auch der Moses im Zacharias.

Das große Problem unter den Christen ist heute, dass sie nicht mehr wissen, was Seele und was Geist ist und was der Grund, das Wesen und die Bestimmung der Materie, also von Raum und Zeit, ist! Ohne dieses Wissen, was überaus wichtig ist zum Verstehen des Lebens in und aus Gott, bleibt alles seelisch-geistige Geschehen völlig im Dunkeln. Da darf ein Christ nicht sagen: "Ich beschäftige mich mal irgendwann damit", sondern da heißt es: Das Himmelreich mit Gewalt an sich ziehen! Nicht wegzuschauen, sondern eifrig die Schätze des Lebens zu begehren und diese zu suchen zu beginnen. Denn nur wer da sucht, der wird auch finden, und wer nicht kämpft, der wird auch keinen Sieg davontragen! Wir müssen das Kreuz auf unsere Schulter nehmen und Jesus in allem nachfolgen, ohne Kompromisse und Relativierung Seines Evangeliums! Nur so werden wir die Wiedergeburt des göttlichen Geistes in unseren Seelen erlangen, und dieser wird uns in alle Wahrheit führen!

Weg der Seele vor dem Erdendasein

In undenklich langen Zeiten ist die menschliche Seele ihren Weg zuvor gegangen durch Tausende Verkörperungen jeglicher Art. Es hat diese Zeit eine gewisse Reife zustande gebracht, die nun im letzten Stadium als Mensch noch zu höherer Vollkommenheit führen soll. Das Wissen darum sollte genügen, um die äußerste Kraft anzuwenden, den Vollkommenheitszustand zu erreichen, doch gerade dieses Wissen wird von den meisten Menschen gänzlich verworfen. Es besteht leider oft die irrige Ansicht, dass sich eine Seele nicht erst gestalten muss zu dem, was sie ist, sondern dem Lebewesen innewohnt in immer gleicher Art und dass man von einer Seele nur bei einem Menschen sprechen kann, wenn man ein nach dem Tode fortbestehendes Etwas überhaupt gelten lassen will. Dem Tier wird jegliche Seele oder geistige Substanz abgesprochen; und ebendies führt zu völlig falschen Ansichten, indem die überaus zwingende Notwendigkeit aller Lebewesen außer dem Menschen gar nicht erkannt wird. Es ist daher von größter Bedeutung, sich die abwechslungsreiche, unbeschreiblich oft erfolgte Umgestaltung der äußeren Hülle vor Augen zu halten, um sich dann erst der ganzen Verantwortung als Mensch im Erdenleben bewusst zu werden.

Wäre jeglichem Wesen nur eine einmalige Verkörperung zugedacht, dann müssten die Bedingungen dieser Verkörperung so außerordentlich schwere sein, sollten sie zu dem zur ewigen Seligkeit erforderlichen Reifezustand führen, denn der Abstand eines solchen Geistwesens von der ewigen Gottheit ist zu unermesslich groß, als dass er in so kurzer Zeit wesentlich verringert werden könnte. Es hat darum der Schöpfer allen Wesen diesen einen Muss-Zustand zugedacht, in welchem nach göttlichem Willen jedes Geschöpf ohne eigene Verantwortung einer Höherentwicklung zustrebt. Dieses Vorstadium der menschlichen Seele in aller Vielgestaltigkeit zu durchleben ist von so ungeheurer Bedeutung, dass sich erst daraus die ganze Verantwortung ergibt, die der Mensch seiner Seele gegenüber trägt, denn es hat diese Seele gerungen in unglaublichster Weise und allen Widerständen getrotzt, sie hat so unendliche Aufgaben erfüllen und sich in allem dem Willen Gottes unterstellen müssen, sie ist einen Weg gegangen, der nicht leicht war, der aber der einzige Weg war, um die Seele so zu bilden, dass sie die letzte große Kraftprobe im Menschen bestehen kann, wenn der Wille zu bestehen in ihr mächtig wird.

Jedes menschliche Wesen ist daher als solches eine Welt in sich, es ist ein Schöpfungswerk, das alles auf Erden Bestehende und dem menschlichen Auge Sichtbare in allerfeinster Verkleinerung in sich birgt. Es ist die menschliche Seele durch alle diese Schöpfungswunder hindurchgegangen und hat nun in ihrer letzten Verkörperung einen ungeheuren Kampf zu bestehen, soll nicht das Jahrtausende währende Ringen bis zum Stadium des Menschen vergeblich gewesen sein.

Dieser Verantwortung soll sich der Mensch vollauf bewusst bleiben und Gott um Kraft bitten, um die letzte Aufgabe auf Erden zu erfüllen und somit der Seele Erlösung zu bringen aus unendlich lang währender Not. Amen.

BD Nr. 0786 vom 24.02.1939, enthalten in Buch 16

(Fortsetzung zu Nr. 0786):

Vergegenwärtigt euch die Größe und Allmacht Gottes, und ihr werdet dann erst fassen können die unermessliche Liebe, die euch Erdenkinder umfängt, dass jedes noch so kleinste Lebewesen in immerwährender Obhut des himmlischen Vaters steht und nimmermehr zuschanden werden kann, denn die Liebe Gottes hat unzählige Mittel und Wege, um auch das allerunwürdigste, sich dem Willen Gottes bewusst widersetzende Wesen doch noch auf den Weg der Erkenntnis zu leiten, wenn auch oft nach unsagbar langer Zeit.

Es werden immer wieder neue Hüllen dem Wesen zugewiesen, und immer wieder ist der Werdegang dieser durch so viele Widerstände eine neue Gelegenheit zum Ausreifen. Eine möglichst hohe geistige Reife im Erdenleben zu erzielen ist jedoch für die Seele äußerst gewinnbringend, denn der Kampf im Erdenleben ist wohl an sich schwer und fordert viel Überwindung, Ausdauer und Arbeit, doch es sind wiederum gerade im Erdenleben dem Wesen überreich Vergünstigungen geboten, die ein Ausreifen schon in verhältnismäßig kurzer Zeit ermöglichen. Wo sich aber der Wille des Menschen in krasse Abwehr stellt zu den ihm gebotenen Erleichterungen, dort ist ein Vervollkommnen in Frage gestellt, ja oft sogar eher ein Rückschritt zu verzeichnen.

Nun ist die Liebe des Vaters im Himmel immer und immer darauf bedacht, das Wesen seiner letzten Bestimmung zuzuführen, und zwar wird nun auch im Jenseits der Seele Gelegenheit geboten, an ihrer Vollendung zu arbeiten und sich in den Zustand zu erheben, der ein Loslösen von aller Materie zur Folge hat. Es ist dies ein weit schwereres Beginnen in einer Welt, wo alles Greifbare nur in der Einbildung des Wesens besteht, wo die Seele gleichsam noch in allen Begierden und weltlichen Gelüsten verstrickt ist, wo sie allen Anfeindungen solcher Art ausgesetzt ist und sich nicht durch eigene Kraft daraus befreien kann, wo alle Begierden, die im Erdenleben zur Erfüllung des irdischen Verlangens beitrugen, nun zur Qual werden, da sie nicht mehr erfüllt werden können und so lange der Seele diesen qualvollen Zustand bereiten, bis sie sich bewusst davon abwendet und Verlangen nach reingeistigem Genuss verspürt. Einem solchen Verlangen wird sofort entsprochen werden durch die in der Liebe tätigen vollkommeneren Geistwesen, die alles daransetzen, eine unglückliche Seele von ihrem Zustand zu befreien. Die Hilfe wird der Seele sofort gewährt, nur ihr Wille muss allein tätig geworden sein und sich abwenden von dem, was sie noch mit der Erde und dem weltlichen Verlangen verbindet.

Wo und wie dieses Umformen der Wesen vor sich geht, ist den Menschen noch immer Anlass gewesen zu Streitfragen, die Wiederverkörperung auf Erden betreffend. So genüge es euch, zu wissen, dass wohl unendliche Zeiten vergehen und unzählige Hüllen in verschiedenartigster Gestaltung eure Seele umschlossen haben, dass alle diese Lebewesen durch Gottes Willen Aufenthalt nahmen in, auf und über der Erde, immer jedoch im engsten Zusammenhang stehend mit der eben zum Zweck des Ausreifens bestehenden Erde, dass das letzte Stadium als Mensch gleichfalls nur auf der Erde durchlebt werden kann, dass aber mit dem Verlassen des irdischen Leibes die Seele in ein nunmehr von der Erde völlig unabhängiges Reich übergeht, ganz gleich, welchen Reifezustand die Seele auf der Erde erlangt hat.

Es sind für deren Weiterentwicklung die undenklichsten Gelegenheiten auch außerhalb dieser Erde, und hat die Seele einmal ihre körperliche irdische Hülle verlassen und ihr der Jahrtausende währende Aufenthalt auf der Erde nicht die letzte Reife gebracht, so setzt im Jenseits ein so unsagbar schweres Ringen ein, das das im Erdenleben weit übertrifft, und es wäre eine Rückverkörperung auf die Erde etwa das gleiche, als ob der Vater einem unmündigen Kind gegenüber, das ihm den Gehorsam verweigert, immer und immer wieder Nachsicht walten lässt, anstatt es in eine strenge Schule zu geben, die es das Falsche seines

Handelns erkennen lässt... (Unterbrechung)

BD Nr. 0787 vom 25.02.1939, enthalten in Buch 16

(Fortsetzung zu Nr. 0786 und 0787):

Wie weit sich des himmlischen Vaters Sorge um Seine Kinder auf Erden erstreckt, ist daraus ersichtlich, dass eine jede Verkörperung zuvor schon die möglichste geistige Entwicklung gewährleistet, die in dieser Form erreicht werden kann, so dass die Seele des Menschen bei ihrem Eintritt in den Fleischleib sich in einem bestimmten Reifegrad befindet und nun die letzte Verkörperung vollauf genügt zur Gewinnung der Gotteskindschaft, wenn es sich der Mensch angelegen sein lässt, das Erdenleben nach Kräften auszunützen zum geistigen Fortschritt. Ist diese Gnadenzeit durch eigenen Willen oder Widerstand nutzlos oder wenig erfolgreich für die Seele verstrichen, so ist dies um so bedauerlicher, als dass nun das Wesen eben die Folgen seines Widerstands selbst zu tragen hat, d.h. sich gleichzeitig alles unreife und unvollendete Geistige auch als Leid und Strafe auswirkt.

Es wird im gleichen Maß die Seele leiden, als sie ihre Schwächen und Fehler erkennt und sich von diesen nicht mehr, wie auf Erden, selbst befreien kann. Die Gnadenzeit der eigenen Erlösung ist vorüber, und so das Erlösungs- und Liebeswerk der vollkommenen Wesen nicht einsetzen würde, um der Seele beizustehen und sie zur Höhe zu bringen, wäre die Seele nun rettungslos verloren.

Es ist nun aber eine falsche Annahme, ein nutzlos verbrachtes Erdenleben beliebig wieder auf sich nehmen zu können, um die versäumte Selbsterlösung nachzuholen. Wenn solches vom Herrn der Schöpfung vorgesehen wäre ohne Ausnahme, so bedurfte es wahrlich nicht des Erlösungswerkes des göttlichen Heilands, denn es stände dann jedem Wesen ohne weiteres frei, das einmal verfehlte oder schlecht genutzte Erdenleben beliebig zu wiederholen, und es wäre so der übergroße Segen des Erlösungswerkes erheblich verringert, wohingegen aber gerade für die kurze Dauer des Erdenlebens durch das Erlösungswerk dem Menschen Gnaden ohne Maßen erworben wurden, um eben ein restloses Freiwerden von der Materie in dieser Zeit zu ermöglichen, obzwar es einem jeden Menschen überlassen bleibt, diesen Gnadenweg zu wählen, respektive sich nutzbar zu machen oder die Leidenszeit im Jenseits mit allen Qualen auf sich zu nehmen.

Die unendliche Liebe Gottes lässt kein Wesen dem ewigen Untergang verfallen, und der Läuterungsmöglichkeiten sind endlos viele, doch die Erdenzeit zu nützen wird euch nur einmal gestattet sein, bis auf die wenigen Fälle, wo der Herr eine besondere Aufgabe oder Absicht damit verknüpft, die aber niemals zu verallgemeinern sind. Es ist die Lehre von der Wiederverkörperung allemal zum Schaden für die Menschen, denn sie werden in einer gewissen Lauheit des Geistes immer darin ihren Trost oder ihre Begründung suchen, dass sie alles ihnen Mangelnde einmal nachholen können, und wird eine solche Lehre niemals segensreich sein, denn nur rastloses Arbeiten an sich selbst vermag ihnen den Erfolg einzubringen, dass sie befriedigt auf ihr Leben dereinst zurückblicken können, während die Wiederverkörperungslehre immer ein Hintertürchen offenlässt, deren sich die Schwachen, Nachlässigen und Lauen bedienen.

Keine Minute eures Lebens sollt ihr euer Ziel vergessen, immer nur die Wiedervereinigung mit Gott anstreben und die Erdenzeit bis aufs äußerste auszunützen versuchen, nur dann macht ihr euch würdig der sorgsamen liebevollen Fürsorge, die Gott der Herr euch angedeihen ließ während des unendlich langen Weges, den ihr bis zu eurem Erdendasein gegangen seid. Amen.

BD Nr. 0788 vom 25.02.1939, enthalten in Buch 16

Rückentwicklung niemals Wille Gottes

Wiederverkörperung / Umgekehrter Prozess / Neubannung

Ein umgekehrter Prozess findet nun statt, wohl durch Meinen Willen eingeleitet, doch durch menschlichen Willen selbst bestimmt. Es kann als ein Akt der Rückentwicklung angesehen werden, wenn schon als Mensch verkörpertes Geistiges wieder in der festen Materie gebunden wird, als einen Akt also, den Mein Wille herbeiführt, der Ich doch nur laut Meiner Ordnung von Ewigkeit fortschreitende Entwicklung begünstige. Doch auch dieser Akt hat das gleiche in Meiner Ordnung begründete Prinzip aufzuweisen, denn das Geistige ist durch menschlichen Willen schon gefallen in die Tiefe, aus der Ich es wieder auf einem langsamen Wege zur Höhe leite.

Es ist also eine Rückentwicklung, jedoch nicht

durch Meinen, sondern durch Menschenwillen vor sich gegangen, während Mein Wille wieder die aufsteigende Entwicklung ermöglicht und also nun ein neuer Heilungsprozess beginnt nach dem Ende dieser Erde, ein Heilungsprozess, der unsagbar schmerzlich ist und kein Ende zu nehmen scheint und doch das einzige Mittel ist, dem Gefallenen wieder zur Höhe zu verhelfen.

Was also Mein Erlösungswerk nicht vollbracht hat, muss dieser Prozess zuwege bringen: was leicht möglich war, muss, weil nicht angestrebt, äußerst schwer errungen werden: die Erlösung aus der Form, die Freiwerdung des Geistigen und Erweckung aus der Nacht zum Licht.

Ich habe es den Menschen leichtgemacht durch Meinen Kreuzestod, die Menschen aber nahmen Meine Gnadengabe nicht an. Ich habe das Leid auf Meine Schultern genommen, sie aber wiesen Meine Hilfe ab, und daher müssen sie es selbst auf sich nehmen und endlos lange Zeit es tragen. Sie waren schon hoch oben und stürzten sich selbst tief hinab, und Meine Liebe und Erbarmung schafft ihnen nun neue Möglichkeiten, die Höhe wieder zu erreichen.

In riesenhafter Geschwindigkeit hat sich der Aufwärtsentwicklungsprozess wieder rückwärts abgespielt; der Mensch ist nach allen vorangehenden Entwicklungsstufen in der kurzen Erdenzeit zurückgegangen im freien Willen und dort wieder angelangt, wo er war vor undenklich langer Zeit: bei der Materie, die er mit allen Sinnen anstrebt und die also auch sein Los sein wird.

Doch immer muss klargestellt werden, dass niemals Mein Wille diesen Rückgang veranlasst hat, sondern der menschliche Wille selbst, und dass nun erst Mein Wille eingreift, indem er Einhalt gebietet und nun der festen Materie, die dieses gefallene Geistige birgt, eine dienende Bestimmung zuweist, damit das Geistige wieder Schritt für Schritt zur Höhe steigt, jedoch in gebundenem Willen, weil anders es nicht möglich wäre.

Somit kommt Mein Wille wieder zum Ausdruck, und also auch, dass von Mir aus nur eine Aufwärtsentwicklung begünstigt wird, jede Rückentwicklung aber den menschlichen Willen zum Anlass hat. Es ist daher der Gedanke absurd, dass etwas schon Ausgereiftes eine Rückentwicklung erfährt durch Meinen Willen, dass also ein Wesen, das sich schon aus der materiellen Hülle befreit hat und in geistige Sphären eingegangen ist, durch Meinen Willen wieder eine körperliche Hülle erhält, die gleichzeitig das Rückbewusstsein dem Wesen nimmt, und es erneut eine Willensprobe ablegen muss, die es also schon einmal bestanden hatte, aber nun ebenso gut versagen könnte im freien Willen.

Zum Zwecke einer Aufwärtsentwicklung benötigt eine solche Seele, die schon die Willensprobe bestanden hat, nicht eine neue Verkörperung als Mensch, da es im geistigen Reich viele Gelegenheiten gibt, um immer vollkommener zu werden. Hat aber eine Seele die Willensprobe nicht bestanden, dann wird sie noch weniger auf die Erde zurückversetzt, weil diese Rückversetzung dann durch Meinen Willen stattfinden müsste, aber nun ein Akt wider Meine ewige Ordnung wäre, weil von Mir aus nur ständiger Fortschritt, nicht aber Stillstand oder Rückschritt begünstigt wird.

Ist dagegen der Akt der Verkörperung einer Seele auf der Erde aus Meinem Willen zugelassen, dann bezweckt er nicht das Erreichen eines versäumten Reifegrades, sondern lediglich das Erfüllen einer Mission an der in geistiger Not befindlichen Menschheit, das wohl dem Wesen einen höheren Reifegrad eintragen kann, jedoch nicht solches zum Anlass hat.

Seelen, die sich auf Erden verkörpern, können wohl schon einen gewissen Reifegrad haben, wenn sie von anderen Sternen kommen, um auf Erden zur höchsten Reife zu gelangen. Für diese Seelen bedeutet es aber keine Rückversetzung in ein schon überwundenes Stadium, was aber der Fall wäre, so eine Seele aus dem geistigen Reich, die schon einmal Erdenbewohner war, wieder zur Erde zurückversetzt würde zwecks Aufwärtsentwicklung.

Zudem könnte es für eine solche Seele nicht von Segen sein, da ihr die Rückerinnerung genommen wäre und sie somit nicht die früher gewonnenen Erkenntnisse nutzen könnte, sondern sich aus freiem Willen genau wie das erste Mal entscheiden müsste, was jedoch auch zu einem völligen Sturz nach unten führen könnte.

Wer zur Höhe strebt, findet auch im geistigen Reich genügend Gelegenheit, zur Höhe zu gelangen, wer zur Erde strebt, der ist noch in ihrem Bann und wird von Mir aus nimmer zurückversetzt. Wer jedoch im Licht steht und aus Liebe zu dem Unerlösten zur Erde niedersteigen will, dem wird diese Rückverkörperung gestattet, die aber nie und nimmer ein Absinken zur Tiefe zur Folge haben kann, weil die Seele von oben kommt und trotz Unkenntnis ihrer Herkunft genügend Kraft besitzt, um Widerstand zu leisten gegen alle

Versuchungen auf Erden. Denn ein Wesen des Lichtes lasse Ich nimmermehr fallen. Es wird immer seine Mission erfüllen, wenngleich es auch stets im freien Willen handelt und lebt auf Erden. Sein Wille aber ist und bleibt Mir zugewandt, weil es auch in sich die Liebe hat, die Mich erkennt und ewig nicht mehr verlieren will. So wird, was zur Höhe will, ewig von Mir unterstützt werden, es wird, was nach der Tiefe verlangt, nicht von Mir gehindert werden.

Immer aber ist Mein Grundprinzip die Aufwärtsentwicklung, das auch immer erkannt werden wird von denen, die zur Höhe streben. Was daher aufwärts führt, ist Mein Wille, jeder Rückgang aber Wille des Menschen, der nicht von Mir in seiner Freiheit angetastet wird. Amen.

BD Nr. 4913 vom 11.06.1950, enthalten in Buch 55

Rückwärts wandert keine noch so unvollendete Menschenseele mehr

„Sagte Ich (Jesus): »Werde nur nicht gar zu hitzig; denn du weißt es noch lange nicht klar genug, was alles für Gäste auf dieser Erde einherwandeln, und was dazu nötig ist, um sie nach und nach in die Sphäre der Kinder Gottes zu bringen! Wenn ihr aber durch Meinen Geist, den Ich euch nach Meiner Auffahrt senden werde, vollends gekräftigt sein werdet, dann werdet ihr auch das klar einsehen und Mir die Ehre geben darum, dass Ich eben so geduldig und langmütig bin.

Wer aber von euch etwas zu fassen imstande ist, der wisse, dass auch von anderen Welten Seelen auf dieser Erde ins Fleisch getreten sind und auch die Kinder der Schlange auf dieser Erde. Sie sind wohl einmal gestorben, und manche schon etliche Male, nahmen aber zu ihrer Vollendung wieder Fleisch an sich.

Ihr habt schon oft von einer Wanderung der Seelen gehört. Das ferne Morgenland glaubt noch heutzutage fest daran. Aber es ist solcher Glaube bei ihnen sehr verunreinigt, weil sie die Menschenseelen wieder in ein Tierfleisch zurückkehren lassen. Allein dem ist nicht von ferne also.

Dass sich eines Menschen Seele von dieser Welt wohl aus dem Mineral, Pflanzen- und Tierreiche zusammensammelt und sich bis zur Menschenseele emporschwingt, das ist euch schon zum größten Teile gezeigt, und auch; wie das in der gefesteten Ordnung geschieht. Aber rückwärts wandert keine noch so unvollendete Menschenseele mehr, außer im geistigen Mittelreiche der äußeren Erscheinlichkeit nach zum Behufe ihrer Demütigung und der daraus möglich hervorgehenden Besserung. Ist eine solche bis zu einem gewissen Grade erfolgt, über den es dann wegen Mangel an höheren Befähigungen nicht weitergehen kann, so kann solch eine Seele dann in eine bloß geschöpfliche Beseligung auf irgendeinem andern Weltkörper, das heißt in dessen Geistiges, übergehen oder aber auch, so sie es will, noch einmal ins Fleisch der Menschen dieser Erde treten, auf welchem Wege sie sich höhere Befähigungen aneignen und mit ihrer Hilfe sogar die Kindschaft Gottes erreichen kann.

Also wandern auch von anderen Welten Seelen ins Fleisch der Menschen dieser Erde, um im selben sich jene zahllos vielen geistigen Eigenschaften anzueignen, die zur Erreichung der wahren Kindschaft Gottes notwendig sind.

Weil aber diese Erde solch ein Schulhaus ist, darum wird sie auch von Mir mit so vieler Geduld, Nachsicht und Langmut behandelt. Wer von euch das fassen kann, der fasse es; aber er behalte es für sich, da es nicht allen gegeben sein soll, alle die Geheimnisse des Gottesreiches zu fassen. So ihr aber dennoch jemanden findet, der eines ja möglich rechtesten Geistes Kind ist, dem könnt ihr nach und nach ein und das andere Geheimnis offenbaren, aber auch nur für ihn selbst; denn Ich will es, dass ein rechter Mensch sich solches alles durch den eigenen Fleiß nach Meiner Lehre erwerben soll.

Weiß ein Mensch einmal, was er zu tun hat, um zu erreichen das ewige Leben und seine Schätze, so tue und lebe er danach, und er wird dann schon in sich selbst die volle Erfüllung Meiner Verheißung vonstatten gehen sehen, hören und lebendigst fühlen.

Dem Menschen viel von solchen außerordentlichen Geheimnissen kundzugeben durch den Mund, hat entweder gar keinen oder nur einen ganz geringen Nutzen und Wert; denn fürs erste fasst er es nicht, und fürs zweite stört ihm so etwas für ihn zu Unbegreifliches gar leicht den Glauben, den er zur Not doch schon angenommen hat. Denn um das in der wahren, inneren, geistigen Lebenstiefe zu fassen, dazu gehört offenbar mehr als bloß der tote Buchstabe des Gesetzes und der Propheten.«“

Das Große Evangelium Johannes - Band 6 / 61. Kapitel — Über Reinkarnation. Die Erde als Gotteskinderschule

Jesus und Erlösung

Eine Rückkehr zur Erde zwecks Abbüßung der Sündenschuld anzunehmen ist völlig irrig, wenngleich das Gesetz göttlicher Gerechtigkeit ein Ausgleichen aller Schuld fordert.

Doch Mir stehen wahrlich viele Möglichkeiten offen, so dass einmal auch sicher alle Schuld getilgt sein wird und das Wesen wieder in das Reich des Lichtes und der Seligkeit aufgenommen werden kann, das ihm im Zustand der Schuldhaftigkeit verschlossen ist. Das jenseitige Reich, in das die Seele nach dem Tode ihres Leibes eingeht, ist ihrem Reifezustand entsprechend, so dass sie sowohl in tiefster Finsternis als auch im hellsten Licht sich befinden kann und entsprechend nun auch ihr Los qualvoll oder auch herrlich sein kann. Und es sind sowohl die Qualen als auch die Herrlichkeiten unbeschreiblich und können euch Menschen nicht geschildert werden, und so können auch die Qualen, also das Los der unerlösten, sündigen Seelen, entsetzlich sein, und die Seele leidet also für ihre Schuld oder um ihrer Schuld willen oft unvorstellbar, also sühnt sie auch durch dieses Leid viel von ihrer Schuld ab.

Es kann ihr Leidenszustand auch sich über ewige Zeiten erstrecken, wenn sie unverbesserlich ist, wenn sie nicht die Ratschläge geistiger Führer annimmt, die ihr aus diesem Elend heraushelfen wollen. Denn sie kann nicht in das Lichtreich eingehen, bevor sie ihre Schuld getilgt hat, soweit es sich um die auf Erden begangenen Sünden handelt.

Da aber die Urschuld ihres Abfalles von Gott weit größer ist und diese Schuld niemals von dem Wesen selbst getilgt werden kann, muss der Mensch auf Erden oder dessen Seele im Jenseits unwiderruflich zu Jesus Christus finden, denn Er allein kann sie frei machen von dieser Schuld, für die Er am Kreuz gestorben ist.

Ohne Jesus Christus kommt die Seele niemals von ihrer Schuld los, und ob sie noch so lange

Zeiten in der Finsternis im jenseitigen Reich schmachtet.

Sie muss also Jesus anrufen um Erbarmen, um Vergebung ihrer Schuld, und es werden ihre geistigen Helfer immer wieder versuchen, sie dazu zu bewegen, dass sie Erlösung sucht bei Ihm, Der für diese Schuld Sein Leben hingegeben hat.

Übergibt sich nun die Seele Ihm, so wird sowohl die Urschuld getilgt sein als auch die Sündenschuld, die sie im Erdenleben auf sich geladen hat. Dann wird sie frei sein von aller Schuld und um des Blutes Jesu willen aufgenommen werden in das Reich des Lichtes und der Seligkeit.

Ist die Seele jedoch so verstockt, dass sie sich nicht an Ihn wendet trotz aller Vorstellungen der Lichtwesen, die ihr helfen wollen, so sinkt sie stets tiefer ab, ihre Qualen sind unermesslich, und gelingt es ihr nicht, noch aus der Hölle emporzusteigen, was auch dann noch möglich ist mit Hilfe der Lichtwesen, dann muss sie wieder den Weg durch die Schöpfungswerke antreten, um einmal doch zum letzten Ziel zu gelangen.

Doch es ist diese Rückkehr zur Erde nicht die Wiederverkörperung der Seele, die ihr Menschen annehmt, und sie ist auch alles andere als wünschenswert, weil es wieder ein endlos langer Qualzustand ist für die in kleinste Partikelchen aufgelöste Seele, bis sie wieder in das Stadium als Mensch gelangt.

Das eine muss euch Menschen immer wieder gesagt werden, dass ihr niemals von eurer Schuld freikommt ohne Jesus Christus.

Das Erlösungswerk Jesu ist darum so bedeutungsvoll, weil Er allein die Tür ist zum Lichtreich, denn ob ihr auch durch große Qualen im Jenseits die Sündenschuld, die ihr im Erdenleben auf euch geladen habt, abbüßt, ihr könnt dennoch nicht das Lichtreich betreten, wenn ihr nicht durch Jesus Christus eurer Urschuld ledig geworden seid, und ebenso würde euch auch ein nochmaliges Erdenleben nichts nützen, in dem ihr wieder neue Schuld hinzufügt und zuvor Jesus finden müsst, Den ihr aber auch im Jenseits finden könnt, ihr also nicht deshalb zur Erde zurückzukehren braucht

Immer wieder mache Ich euch Menschen auf diese Irrlehre aufmerksam, weil ihr durch diese auch das Erlösungswerk entwertet, weil ihr durch diese Irrlehre eure Mitmenschen glauben machen wollt, dass ihr selbst die Schuld abzutragen fähig seid und ihr darum an Jesus vorübergeht, ohne Den ihr jedoch niemals frei werden könnt von eurer Urschuld, die auch durch noch so große Qualen auf Erden oder im Jenseits nicht getilgt werden kann.

Lasset euch von der Wichtigkeit dessen überzeugen, dass ihr den Weg zum Kreuz nehmen müsst, und betrügt euch nicht selbst mit falschen Hoffnungen, durch die ihr nur euren unerlösten Zustand verlängert und endlos lange Zeit in der Finsternis schmachtet, denn Er allein ist das Licht, Das zur Erde herabstieg, Das euch Rettung gebracht hat von Sünde und Tod, wenn ihr nur freiwillig Ihn um Vergebung eurer Schuld angeht, wenn ihr euch nicht darauf verlasst, in weiteren Erdenleben selbst mit eurer Schuld fertigwerden zu können und ihr durch einen solchen Glauben immer nur den Zustand der Finsternis und der Leiden verlängert, denn ohne Jesus Christus und Sein Erlösungswerk werdet ihr ewig nicht zum Licht gelangen, zur Freiheit und Seligkeit.... ohne Jesus Christus könnt ihr nicht frei werden von eurer Schuld.

Amen.

BD Nr. 8495 vom 13.05.1963, enthalten in Buch 89

Die Erde als alleinige Gotteskinderschule

Sage Ich (Jesus): „Lass du das nur gut sein; du wirst dich bald überzeugen, ob aus diesem was zu machen ist!“ Mich an den Stoiker Philopold wendend: „Meinst du wohl, dass du mit Gott, deinem Schöpfer, zuvor keinen Kontrakt gemacht hast und nicht eingegangen bist in alle dir oft vorgehaltenen Bedingungen, die fürs Leben auf diesem Planeten überaus nötig sind? Siehe, Tor, das ist bereits der zwanzigste Weltkörper, auf dem du leiblich lebst; dein gesamtes fleischliches Alter beträgt schon an Jahren dieser Erde eine solch große Zahl, die die Zahl des feinsten Sandes in allen Meeren der Erde bei weitem übertrifft! Welch eine, für keinen im Leibe wandelnden Menschen möglich denkbare, nahe endlose Zeitendauer aber bestandest du als ein reiner Geist im vollsten Sein und klarsten Selbstbewusstsein im endlosen Raume mit zahllosen anderen Geistern freiest lebend und das freieste Leben in aller Kraft hoch und wohl genießend!

Als du aber in der von dir im Fleische zuletzt bewohnten Sonnenwelt, der die Weisen dieser Erde den Namen Procyon geben, die auf ihrem weiten Boden aber von ihren Bewohnern den Namen Akka hat – und zwar überall mit einem und demselben Akzente, weil die Bewohner derselben nur eine Sprache reden –, den lebendigsten Wunsch an den Tag legtest, als du von einem Engel vernommen hast, dass der große, allmächtige, ewige Geist als der alleinige Schöpfer und Erhalter der Unendlichkeit und alles des in ihr Seienden auf einem der allergeringsten Planeten, die im endlosen Raume kreisen in zahllosesten Massen, Selbst Fleisch und volle Menschengestalt annehmen werde, womöglich auf denselben Planeten gesetzt zu werden, um dort zu sehen und zu hören Den, der dich erschaffen hat, da kam derselbe Engel, den du hier zu Meiner Rechten als den siebenten Menschen erschaust, der aber dennoch ein völlig freiester Geist ist, stellte dir haarklein und genau die schweren Bedingungen vor, die du zu erdulden bekommen werdest, so du ein Bewohner dieses Planeten, auf dem du nun stehst, werden wollest und auf demselben gewinnen die Kindschaft Gottes!

Du nahmst alle Bedingungen an, auch diese, dass du als ein Bewohner des erwählten Planeten aller Erinnerung an dein Vorleben in anderen Weltkörpern völlig bar sein werdest bis zur Zeit, da derselbe Engel dich dreimal bei dem Namen, den du in der Akka geführt hast, rufen werde.

Wenn die Sache sich aber also der dir freilich bis jetzt unbegreiflichen Wahrheit nach befindet, wie ungerecht sprichst du, so du behauptest, dass für dein Sein auf dieser Erde zwischen dir und deinem Schöpfer durchaus kein Kontrakt gemacht worden sei?!“

Sagt Philopold: „Was ist denn das für eine verbrannte Hirngespinsterei?! Ich soll schon in irgendeiner andern, schöneren und offenbar bessern Welt als ein Mensch im Fleische gewohnt und gelebt haben?! Nein, das ist denn doch etwas zu stark! Höre, du Siebenter rechts, den der Nazaräer einen Engel nennt, wie heißest du denn, und wie heiße ich?“

Sagt der Engel: „Warte ein wenig; ich werde in aller Schnelle Kennzeichen aus deiner Vorwelt holen und werde sie dir zur Einsicht und Erkennung geben!“

Mit diesen Worten verschwindet der Engel, kommt aber in wenig Augenblicken wieder und überreicht dem Philopold eine Rolle, auf der der Name des Engels und sein Name mit vollkommen alter hebräischer Schrift deutlich gezeichnet stehen, und eine zweite Rolle, auf der alle Bedingungen geschrieben stehen, die er vor dem Übergange dem Engel angelobt hatte.

Als der Engel dem Philopold solches überreicht, sagt er: „Hier lies und erkenne es, du alter Murahel, Murahel, Murahel! Denn ich, der ich

Archiel heiße, habe es für dich geholt vom selben Altare, an dem du mir das große Gelöbnis gabst! Frage aber ja nicht, wie solches nun in so wenig Augenblicken möglich war; denn bei Gott sind gar wundervollste Dinge möglich! Lies zuvor alles, und dann erst rede!"

Philopold liest die Rollen mit großer Aufmerksamkeit durch, und da dadurch die innere Sehe geöffnet wird, so sagt er nach einer ziemlichen Weile des tiefsten Staunens: „Ja, also ist es; ich sehe nun in alle endlosen Tiefen meines Lebens zurück, sehe die Welten alle, auf denen ich schon gelebt habe, und die Orte und Plätze alle in den Welten, wo ich von der Geburt bis zum Abschiede gelebt habe; ich sehe, was ich war, und was ich auf einem und dem andern Weltkörper getan habe, und sehe auch noch allenthalben meiner nächsten Verwandten Abkömmlinge, und siehe, auf der Akka (Procyon) sehe ich sogar noch meine Eltern, meine vielen Brüder und recht teuren Schwestern! Ja, ich höre sie sogar um mich besorgt untereinander reden und sprechen: ‚Was ist mit Murahel? Wird sein Geist im endlosen Raume wohl schon den großen Geist in Menschengestalt gefunden haben? Er wird unser nicht gedenken, weil Archiel, der Gesandte des großen Geistes, ihm die Rückerinnerung verdeckte bis dahin, wann er ihn dreimal beim rechten Namen rufen werde!‘

Seht Also höre ich sie nun reden und sehe sie zugleich leibhaftig! Sie gehen nun in den Tempel, um in den Dokumenten nachzusehen die harten Lebensbedingnisse; aber sie finden dieselben nicht. Der Oberpriester des Tempels aber sagt ihnen, dass Archiel die Dokumente vor etlichen Augenblicken des Murahels wegen geholt habe, dieselben aber dennoch in aller Kürze der Zeit zurückstellen werde. Und sie harren nun im Tempel und geben ein Opfer für mich!

O Liebe, Liebe, du göttliche Kraft! Wie endlos weit streckst du deine heiligen Arme aus! Überall dieselbe Liebe! O Gott, wie groß und heilig bist Du, und welcher verborgenen Geheimnisse voll ist doch das freie Leben! Welcher Mensch auf der ganzen Erde kann die Tiefen ergründen, die ich nun schaue?! Wie gar nichtssagend geht der armselige Mensch auf dieser magersten Erde herum, streitet nicht selten um eine Spanne Erde auf Leben und Tod, während er in sich trägt, was Milliarden Erden nimmer zu fassen vermögen!“

Auf diese Worte wird Philopold stille, geht zum Engel hin und gibt ihm die beiden Rollen wieder zurück mit dem Bemerken: „Stelle sie wieder dahin, allwo sie erwartet werden!“

Der Engel aber sagt: „Siehe, ich habe auch ein Schreibzeug mitgenommen; es ist dasselbe, womit du eigenhändig im Tempel auf der Akka die Dokumente gezeichnet hast. Unterschreibe dich auf jedes Dokument doppelt, das heißt mit deinem Namen in der Akka und mit deinem Namen hier, und das Schreibzeug behalte zum Gedächtnisse!“

Philopold tut das, und der Engel nimmt dann die Dokumente und verschwindet.

Nach etlichen Augenblicken, die er zur Besprechung mit dem Oberpriester auf der Akka benötigte, ist er wieder unter uns und fragt den Philopold, wie er nun denke.

Sagt Philopold: „Als ich dir die beiden Rollen zurückgab, schwand das Gesicht, und von der Erinnerung bleibt mir kaum mehr übrig als von einem Traume, da man im wachen Leben wohl weiß, dass einem etwas geträumt hat, aber was, das bringt man mit keinem Kopfzerbrechen heraus! Ich bemerke auch, dass ich ein ganz fremdartiges Schreibzeug in meiner Linken halte; aber wie ich dazu gekommen bin, weiß ich kaum; und ich möchte darum wissen, warum man denn von so manchen Erscheinungen aus dem Bereiche des inneren Lebens entweder nur eine sehr schwache, zumeist aber auch gar keine Rückerinnerung behält. Warum also denn?“

Sagt der Engel: „Weil es sich hier darum handelt, ein völlig neues Geschöpf zu werden, und das aus und in Gott. Bist du einmal geworden ein völlig neues Geschöpf aus Gott und hast erreicht die Kindschaft Gottes, so wird dir alles wiedergegeben werden!

In allen zahllos anderen Welten wirst du zu dem aus- und inwendig gestaltet, was du sein musst; hier aber überträgt Gott die äußere Gestaltung schon der Seele, die sich ihren Leib selbst erbaut nach der Ordnung, in der sie geschaffen ist; ganz besonders aber muss jeder Geist, der in die Seele gestellt ist, vorerst die Seele bilden durch die Haltung der ihm äußerlich gegebenen Gesetze. Hat die Seele dadurch den rechten Grad der Reife und Ausbildung erreicht, so tritt dann der Geist völlig in die ganze Seele über, und der ganze Mensch ist dadurch vollendet, ein neues Geschöpf, zwar im Grunde des Grundes immer aus Gott, weil der Geist im Menschen eigentlich nichts als ein Gott im kleinsten Maße ist, weil völlig aus dem Herzen Gottes. Aber der Mensch ist das nicht durch die Tat Gottes, sondern aus seiner höchst eigenen, und ist eben darum ein vollwahres Gotteskind! Und ich sage dir das noch einmal in aller Kürze:

In allen anderen Weltkörpern müssen sich die Menschen nicht selbst gestalten, sondern sie werden von Gott, oder was eines ist, von Seinen Kindern gestaltet. Hier aber müssen sich die Menschen vollends selbst gestalten nach der geoffenbarten Ordnung, ansonsten sie unmöglich Kinder Gottes werden können! Und so ist ein vollendeter Mensch auf dieser Erde als Gotteskind in allem Gott gleich; aber ein unvollendeter Mensch ist dagegen auch tief unter dem Reiche der Tiere!“

Das Große Evangelium Johannes - Band 1, Kapitel 213 und 214

Reinkarnation zur Erlösung unnötig

Schuld ist nur zu tilgen durch Anruf Jesu

Es darf euch nicht schrecken, wenn ihr angegriffen werdet von Seiten derer, die Mein Gegner benützt, um die reine Wahrheit zu entkräften, die Ich euch vermittle aus der Höhe. Ihr werdet stets von Meiner Kraft durchströmt werden und Widerstand leisten können allen seinen Angriffen gegenüber, denn ihr arbeitet für Mich und in Meinem Auftrag. Meine Macht ist wahrlich so stark, dass Ich alles von euch abdrängen kann, dass Ich das Werk Meiner Liebe zu euch Menschen nicht gefährden lasse. Es ist wohl richtig, dass in der Endzeit den Menschen viel angeboten wird als angebliche Wahrheit und dass es schwer sein wird, hindurchzufinden und das Rechte zu erkennen, doch niemals ist es unmöglich, weil Ich immer euch Meine Unterstützung zusichere, wenn ihr in der Wahrheit zu stehen begehrt.

Ihr werdet fragen, warum Ich das alles zulasse, warum Ich Meinen Gegner nicht hindere, dass er seinen Einfluss auf Menschen ausübt, die anscheinend auch nur das Beste wollen. Es geht um den freien Willen des Menschen, den Mein Gegner für sich zu gewinnen sucht, und Ich muss ihm das Recht zubilligen, weil sein Anhang einst im freien Willen ihm folgte und er das gleiche Anrecht hat, um die Seelen zu kämpfen, die Entscheidung aber allein vom Willen des Menschen abhängt.

Der Gegner also sucht die Menschen in der Finsternis zu erhalten, in die er sie einst gestürzt hatte. Er sucht alles zu verhindern, was ihnen ein Licht schenken könnte, in dem sie Mich Selbst erkennen und sich nun im freien Willen Mir wieder zuwenden könnten. Licht aber ist Wahrheit, also lässt er nichts unversucht, um die Wahrheit aus Mir zu untergraben, und er wird immer an den Lichtträgern, an Meinen Boten, sich versuchen und das Licht verlöschen wollen, und er bedient sich dazu der schändlichsten Mittel.

Doch er ist völlig machtlos, sowie seinem Wirken das Erlösungswerk Jesu Christi entgegengesetzt wird, sowie der göttliche Erlöser Jesus Christus Selbst angegangen wird um Schutz vor ihm. Dann sind alle seine Bemühungen vergebens. Es ist also eines nötig: dass ihr wisst um die große Bedeutung des Erlösungswerkes des Menschen Jesus, in Dessen Hülle Sich die "Ewige Liebe" Selbst barg. Es ist das Wissen nötig, um Meine Menschwerdung in Jesus, um die Einswerdung Jesu mit Mir, seinem Gott und Vater von Ewigkeit, dann weiß er auch um den "Heilsplan Gottes", er weiß um den Zusammenhang von allem Erschaffenen mit Mir, seinem Schöpfer, und er weiß um den Gang eines jeden gefallenen Urgeistes durch die gesamte Schöpfung und um den Gang der Rückkehr zu Mir.

Wer um dieses alles weiß, der kennt auch den weiteren Gang der Entwicklung nach seinem Erdenleben im jenseitigen Reich und die endlos vielen Möglichkeiten, einem noch unerlöst in das geistige Reich eingegangenen Wesen zur Erlösung zu verhelfen und auch den Gang der Höher-Entwicklung zu gehen. Er weiß auch, dass das Wesen auch nun noch absinken kann zur Tiefe und welche Mittel Ich anwende, um auch diesem wiederholt gefallenen Wesen einmal wieder die Möglichkeit zu erschließen, die letzte Willensprobe auf Erden abzulegen, indem es erneut aufgelöst und gebannt wird in den Schöpfungen der Erde. Ihm ist es verständlich, warum das alles so sein muss, wenn Mein Gesetz der ewigen Ordnung eingehalten werden soll.

Wer also in diesem Wissen steht, der wird auch jegliche Lehre ablehnen, die diesem Plan von Ewigkeit widerspricht, die allzu menschliches Denken verraten, das, von Meinem Gegner beeinflusst, ihren eigenen Wünschen entspricht. Denn in seinem Auftrag wirken unzählige Dämonen aus der Geistwelt, die sich und ihre Gedanken zu übertragen suchen auf Menschen, die ein solches Wirken an sich zulassen.

Denn niemals dürft ihr vergessen, dass es immer nur darum geht, Mein "Liebewirken" zu entkräften, und Mein Heilsplan von Ewigkeit ist in der Liebe begründet und von Meiner Weisheit entworfen, und er wird ausgeführt nach Meinem Beschluss von Ewigkeit, weil Ich erkannte, auf welchem Wege das Mir abtrünnig gewordene Geistige zurückfindet zu Mir.

Ich bin Selbst zur Erde niedergestiegen, um für dieses gefallene Geistige das Erlösungswerk zu vollbringen, und es ist jedem Wesen die Erlösung sicher, das Mich in Jesus erkennt und anerkennt und um Vergebung seiner Sündenschuld bittet.

Also ist es wahrlich nicht nötig, dass die Menschen durch öfteren Erdengang als Mensch diese Schuld abbüßen müssen, denn um von der Urschuld loszukommen, würden tausend Erdenleben nicht genügen, denn diese Schuld ist nur zu tilgen durch Jesus Christus Selbst.

Die Sünden aber, die der Mensch im Erdenleben zusätzlich begeht, sind gleichzeitig getilgt durch Seinen Kreuzestod. Doch mit der kleinsten Schuld belastet, also ohne die Vergebung Jesu Christi, kann kein Wesen, keine Menschenseele, eingehen in das Lichtreich. Und für diese Seelen, die also belastet hinübergehen in das jenseitige Reich, ist die Finsternis, in der sie weilen, Qualzustand genug, um sie zur Änderung ihres Willens und Denkens zu veranlassen, um in sich zu gehen und auch die Hilfe geistiger Freunde anzunehmen, und es kann nun auch die Seele noch zur Höhe gelangen.

Doch in einem solchen Zustand eine Seele wieder zur Erde zurückzuversetzen würde für diese Seele durchaus keinen Dienst bedeuten, denn sie wäre in gleicher Finsternis und würde auch auf der Erde keinen anderen Weg gehen, als sie bisher gegangen war, weil Mein Gegner die gleiche Macht über diese Seele behalten hat, der sie sich niemals selbst entwinden kann. Zur Erkenntnis gelangen kann die Seele nur durch die Liebe....

Empfindet sie nun im jenseitigen Reich nur einen Funken Liebe für ihre mitleidenden Seelen, so wird sie auch unweigerlich zur Höhe steigen. Bleibt sie aber bar jeder Liebe, so gehört sie Meinem Gegner an, und dieser wird die Seele niemals freigeben, und geht sie nun durch eine überaus harte Lebensschule hindurch, wird sie dennoch niemals dadurch gebessert werden oder zu anderem als bösem Denken gelangen, denn sie muss zuvor frei werden aus der Gewalt des Gegners, was wieder nur durch Jesus Christus geschehen kann. Erst wenn Er Selbst in das Leben eines Menschen tritt, ist seine Erlösung gesichert, wozu wahrlich ein Erdenleben genügen kann, und wenn es also nicht genügt, dies der Mensch oder dessen Seele allein auch verantworten und nun auch das Los der Finsternis auf sich nehmen muss, das so qualvoll ist und auch den schwersten Erdengang an Qualen übertrifft.

In Meinem Heilsplan von Ewigkeit sind alle Möglichkeiten vorgesehen, die einer gefallenen

Seele zum Aufstieg verhelfen. Immer aber wird Mein Gesetz der Ordnung eingehalten, und Ich brauche wahrlich nicht zurückzugreifen zu Mitteln, die ungenützt blieben, weil auch ein Rückversetzen in einen schon überwundenen Zustand keine Garantie bieten würde für den Aufstieg einer Seele und darum auch niemals Mein Wille sein kann, denn der freie Wille bleibt unangetastet, und die Rückerinnerung kann einer Seele nicht gegeben werden, eben ihres freien Willens wegen.

Für ihre Schwäche starb der Mensch Jesus am Kreuz, und Er erwarb euch die Gnaden eines verstärkten Willens, die ihr alle nützen könnt während eures Erdenlebens und dann auch eure Erlösung gesichert ist.

Ein Abbüßen eurer Schuld auf Erden muss während eines Erdenganges von euch aus stattfinden, dann werdet ihr erleichtert hinübergehen in das jenseitige Reich und euch auch dort nicht mehr wehren gegen die Hilfeleistung der geistigen

Freunde, weshalb ihr also auch oft ein schweres Erdenleben zu erdulden habt, doch dadurch zu hoher Reife und erhöhter Lichtempfänglichkeit gelangen könnt.

Und wieder sage Ich es euch: Einzelne Fälle der Wiederverkörperung einer Seele auf Erden haben ihre besondere Begründung, werden aber niemals stattfinden, wenn die Erlösung durch Jesus Christus nicht vorangegangen ist. Und durch diese Erlösung ist alle Schuld getilgt und braucht somit nicht noch einmal im Erdenleben getilgt zu werden. Und ein jedes Erdenleben ist von Mir bestimmt in Weisheit und Liebe, auch wenn ihr dies nicht zu erkennen vermögt, doch Ich weiß es, was einer jeden einzelnen Seele dient zu ihrer Vollendung. Amen.

BD Nr. 8288 vom 01.10.1962, enthalten in Buch 87

Antwort auf die Frage über Wiederverkörperung

Solange ihr Menschen über die Erde geht, seid ihr noch unvollkommen, und das bedeutet auch, dass euer Wissen noch Begrenzungen unterliegt, dass ihr nicht alles fassen könnt. Dennoch unterweise Ich euch eurem Reifegrad gemäß, und an euch selbst liegt es daher, euer Wissen zu erhöhen, indem ihr euren Liebegrad erhöht, der immer der Maßstab eurer seelischen Reife sein wird. Seid ihr liebe-erfüllt, dann werdet ihr auch alles klar zu durchschauen vermögen. Mangelt euch die Liebe, dann wird es euch auch an Verständnis mangeln, selbst wenn ihr vollste Aufklärung empfangt, denn das Wissen wird erst dann zur Erkenntnis, wenn durch die Liebe der Geist in euch geweckt wird.

Doch Meine direkte Ansprache von oben soll dazu beitragen, dass euer Liebewille gestärkt wird, dass ihr Mich verstandesmäßig erkennen lernen sollt und dann auch die Liebe in euch entzündet wird zu Dem, Der euch erschaffen hat. Darum werde Ich euch auch immer eure Bitte erfüllen, euch Aufklärung zugehen zu lassen, auf dass ihr Mich als liebenden Vater zu erkennen vermögt und Meine Liebe zu euch mit Gegenliebe erwidert.

Euch ist Mein Rückführungsplan nicht unbekannt, und so wisst ihr auch darum, dass jede Seele einmal den Gang über die Erde antreten muss, der dann die letzte Wegstrecke ist vor der Einkehr in das jenseitige Reich. Ihr wisst auch, dass dieser Erdengang unterschiedlichen Erfolg zeitigt bei den verschiedenen Menschen und dass dies Folge ist des freien Willens Meiner Geschöpfe, den Ich niemals antasten werde, weil er das Merkmal eines göttlichen Geschöpfes ist. Ihr wisst ferner, dass euch für dieses Leben als Mensch ein Liebefünkchen beigegeben ist, das euch erst die Rückwandlung zu eurem Urwesen ermöglicht, wenn ihr dieses Liebefünkchen in euch entzündet und zu einer hellen Flamme auflodern lasset.

Hat eine Seele den Gang durch die Erdschöpfung im gebundenen Willen zurückgelegt, dass sie nun den Reifegrad erreicht hat, der zur Verkörperung als Mensch Voraussetzung ist, so wird auch der göttliche Liebefunke ihr beigesellt, ganz gleich, wo und in welcher Kulturstufe sie zur Welt kommt; und der Mensch selbst hat es in seiner Hand, diesen Liebefunken zu nähren oder ihn gänzlich in sich zu ersticken.

Je größer noch sein innerer Widerstand ist gegen das Gute, Göttliche, desto mehr wird er in seinem seelischen Ausreifen zurückbleiben. Aber das Gefühl für Gut und Böse ist in jedem Menschen vorhanden, weil er, wie Ich das schon oft erklärt habe, an sich selbst die Ausführung von Gut und Böse empfindet und weil er auch den stillen Mahner, die Stimme des Gewissens, in sich hat.

Dass ihm auch der Begriff fehlen kann, in

welchem Maßstab er den Mitmenschen gegenüber der inneren Stimme Gehör schenken soll, ist deshalb möglich, weil sein innerer Widerstand gegen Mich noch so stark ist und er also unter der Gewalt Meines Gegners steht. Dann kann sein Erdengang ihm kaum die letzte Reife eintragen, und er wird ihn wiederholen müssen.

Nun aber ist die Annahme von euch Menschen falsch, dass er beliebig aus dem jenseitigen Reich wieder zur Erde zurückkehren kann und sich das so oft wiederholt, bis er einmal die nötige Reife erreicht hat, denn auch im jenseitigen Reich wird die Seele Möglichkeit haben, sich aufwärtszuentwickeln, wenn sie ihren inneren Widerstand aufgibt.

Doch sie kann ebenso tief absinken in die Finsternis, und es können endlose Zeiten vergehen, wenn sie die Hilfe nicht annimmt, die ihr angeboten wird, um sie aus der Hölle zu erlösen. Dann wird sie stets mehr verhärtet, und sie wird erneut den Gang durch die Erdschöpfung hindurchgehen müssen, und dieses kann sich mehr als einmal wiederholen, und je nachdem ihr innerer Widerstand nachlässt, wird auch die Verkörperung als Mensch nun in solchen Lebenslagen stattfinden, wo die meiste Aussicht besteht, in einem Erdenleben auszureifen.

Ihr alle vergesst die vielen Schulungsstationen, die in Meiner Schöpfung bereitstehen zur Aufnahme von Seelen allen Reifegrades. Wenn euch gesagt wird, die Seele des Menschen geht in das jenseitige Reich ein, so versteht ihr noch nicht recht, was unter letzterem alles zu verstehen ist: Alles außerhalb des Erdenlebens ist "Jenseits", und alle Gestirne bergen Geistiges in den verschiedensten Entwicklungsgraden, wo wahrlich jede Seele ihren Entwicklungsgang fortsetzen kann, wenn sie nicht so hartnäckig in ihrem Widerstand verharrt, dass sie in schöpfungslosen Räumen ihr Unwesen treibt zur eigenen Qual. Auch dann kann sie noch einmal zur Besinnung kommen, denn Meine Liebe und Barmherzigkeit gibt keine Seele auf und gibt jeder Seele immer die Möglichkeit, zu einem Lichtschimmer zu kommen und die Wandlung an sich selbst zu vollziehen, indem sie erstmalig ihren Widerstand aufgibt und zugänglich ist den Belehrungen, die ihr auch im jenseitigen Reich zuteil werden.

Ich weiß wahrlich auch um die geistige Verfassung einer jeden Seele, Ich weiß auch um die jeder einzelnen Seele zuträglichen, Erfolg versprechenden Ausreifungsmöglichkeiten, aber diese ersehe Ich niemals in einem nochmaligen Erdengang als Mensch, in einem Rückversetzen der Seele auf die Erde, wenn nicht ganz besondere Gründe vorliegen, welche wieder nur die Rettung schwacher Seelen bezwecken.

Ich bin kein ungerechter Gott, Der Seine Geschöpfe aus einer Laune heraus verschieden bedenkt und dadurch nicht jedem Menschen die gleichen Möglichkeiten geboten werden, aber es spielt auch bei Mir die Zeit keine Rolle, Ich erreiche Mein Ziel, jedoch niemals würde Ich dieses

Ziel erreichen durch immer sich wiederholende Einzeugung als Mensch auf dieser Erde, weil Ich eines nicht tun kann aus Meinem Willen heraus: den Willen des Menschen zu zwingen, dass er sich recht entscheide, den Menschen zu einem recht gerichteten Willen veranlassen durch Meine Macht. Sein freier Wille kann immer wieder versagen und der Erdengang vergeblich sein.

Jede Seele lebt ihr Eigenleben, und Ich weiß genau um die Erfolge, die sie noch erreichen kann, weil Ich ihren Willen kenne, und entsprechend kann und werde Ich das Erdenleben des Menschen verkürzen oder verlängern, Ich werde ihn vorzeitig abrufen, wo ein Rückfall zu fürchten ist, um nicht den schon erreichten Reifegrad zu gefährden, und Ich werde denen ein hohes Alter schenken, wo eine Erhöhung des Reifegrades oder noch eine Umkehr zu Mir ersichtlich ist, um für letztere Seelen den Entwicklungsgang im Jenseits zu ermöglichen.

Doch glaubt nicht, dass der jeweilige menschliche Kulturstand einen Einfluss hat auf die Entwicklung der Seele, weil ein Liebeleben nicht abhängig ist von äußeren Dingen oder von einem erhöhten irdischen Wissen, weil es zu jeder Zeit und allerorten um das Entzünden des Liebefunkens im Herzen geht, das jedoch unabhängig ist von Kultur und Sitte, weil es ein rein geistiger Vorgang im Menschen ist, wenn er diesen Liebefunken in sich entzündet, und dazu stets das Zusammenleben mit anderen Menschen und die ihn umgebende göttliche Schöpfung ihn anregen kann.

Also wird auch der primitivste Mensch seine Seelenreife erhöhen können und sonderlich dann, wenn ihm auch die Kenntnis gegeben wird von dem göttlichen Erlöser Jesus Christus, die ihm auch im Jenseits noch vermittelt werden kann, wenn die Seele nur eines guten Willens ist. Amen.

BD Nr. 8648 vom 18.10.1963, enthalten in Buch 91

Erdengang ist mit dem Leibestod in der Regel endgültig zurückgelegt

Seht euch die Sterne des Himmels an, betrachtet das Firmament und lasset eure Gedanken schweifen in das unendliche Weltall, das Schöpfungswerke birgt in unfassbarer Zahl. Es ist der Mensch diesen Schöpfungswerken gegenüber nur ein winziges Geschöpf. So hat es wohl den Anschein, und doch ist die gesamte Schöpfung dazu bestimmt, das Wesen erst zu dem Aufenthalt auf Erden als Mensch vorzubereiten, es ist also die gesamte Schöpfung für den Menschen gewissermaßen das Mittel zum Zweck.

Es mussten die Schöpfungswerke erst das Geistige zu einer bestimmten Reife bringen, damit es dann Aufenthalt nehmen konnte im Fleisch und mit diesem Stadium seinen Erdengang beenden darf. Es war dies ein unendlich langer Weg auf Erden, der nun aber seinen Abschluss findet, ganz gleich, wie die Gestaltung der Seele sich entwickelt hat, ob sie in hohem oder niedrigem Reifezustand am Ende des Erdenlebens steht. Es hat das Wesen seine Erdenaufgabe erfüllt, doch mit welchem Erfolg, ändert nichts mehr an der Tatsache, dass der Erdengang nun endgültig zurückgelegt worden ist, so der leibliche Tod die Seele von dem Körper trennt.

Nun geht die Seele in das jenseitige Reich ein, das nun für sie das Reich des Lichtes sein kann, aber auch ein lichtloser Aufenthalt, so das Erdenleben nicht genützt wurde.

Es wäre nun ein Akt unendlicher Grausamkeit, würde die Seele durch Ewigkeiten hindurch in ihrem lichtlosen Zustand belassen, wenn ihr also keinerlei Gelegenheit mehr geboten würde, das auf Erden Versäumte nachzuholen zu können, so der freie Wille sich dafür entschlossen hat, den lichtlosen (Zustand) Aufenthalt mit helleren Regionen zu vertauschen.

Also wird der Seele auch im Jenseits Gelegenheit geboten, sich selbst zu befreien. Es ist ihr freigestellt, sich einen Wirkungskreis zu suchen, der ihr die gleichen Möglichkeiten zur Höherentwicklung der Seele gibt, wie auf Erden, oder auch nun eine jede solche Möglichkeit zurückzuweisen und im lichtlosen Zustand zu verharren.

Es hat Gott unzählige Schöpfungen eben zum Zweck der Weiterbildung solcher unvollkommenen Seelen erstehen lassen, fernab vom menschlichen Wissen und auch diesem verstandesmäßig niemals ergründbar. Wenn also von einer Reinkarnation gesprochen wird, so ist dies wohl richtig, jedoch wird niemals diese auf der gleichen Erde stattfinden, welche die Seele des Menschen einmal frei gegeben hat.

Die Schöpfungen Gottes bergen allesamt Wesen, welche noch zur Höhe streben. Erst die vollkommenen Wesen, die Wesen des Lichtes, bedürfen keiner Schöpfungswerke mehr zu ihrer Aufgabe oder beglückenden Tätigkeit. Nur solange das Wesen noch gebunden ist, d.h. sich noch nicht gelöst hat von der Materie, ist sein Aufenthaltsort auf von Gott-sichtbar-ins-Welt-all-gestellter-Schöpfung, je nach seinem Reifezustand, jedoch immer außerhalb der Erde, denn der Aufenthalt auf dieser ist mit dem leiblichen Tode beendet.

Die göttlichen Schöpfungen sind in so undenklich vielen Variationen entstanden, dass alles unvollkommene Wesenhafte seinem Reifezustand entsprechend die Möglichkeit hat, ständig an sich zu arbeiten und das Werk der Selbsterlösung, das auf Erden begonnen oder versäumt wurde, fortzusetzen oder in Angriff zu nehmen. Es wird immer nur darauf ankommen, wie stark der Wille dieser Wesen ist nach dem Licht, wieweit also das Wesen Verlangen trägt, dem derzeitigen Zustand und der Umgebung zu entfliehen, um in lichtere Sphären zu gelangen. Nur ist die ungenützte Zeit auf Erden insofern nicht mehr einzuholen, als dass der Aufenthalt auf Erden in recht genütztem Willen dem Wesen den Grad der Gotteskindschaft einträgt, was andererseits nicht mehr möglich ist, obgleich die Erlösung aus der Dunkelheit und das Eingehen in Lichtsphären für das Wesen gleichfalls ein unvorstellbarer Glückszustand ist, nur die Aufgaben dieser Wesen andere sind als die der wahren Gotteskinder.

Wenn nun durch geistiges Schauen die Menschen Einblick nehmen in das Wirken ringender und auch erlöster Wesen, so vermögen sie doch nicht den Lichtgrad zu ermessen und noch viel weniger den Aufenthaltsort zu erkennen, in denen sich die Seelen nun bewegen. Es sind also die Seelen in Tätigkeit, sofern sie zur Höhe verlangen, und es wird diese Tätigkeit irrtümlich als irdische Tätigkeit erachtet, also daraus der Schluss gezogen, dass sich diese Wesen wieder auf Erden befinden.

BD Nr. 1587 vom 29.08.1940, enthalten in Buch 25

Die Annahme, oft das Erdenleben wiederholen zu können oder zu müssen, ist falsch

Ihr sollt alle wissen, dass ihr nicht beliebig den Erdengang als Mensch wiederholen könnt, sondern eine einmalige Gelegenheit ausnützen müsst, wollt ihr nicht einst von bitterer Reue geplagt werden, dass ihr aus eigener Schuld unausgereift eingegangen seid in das geistige Reich.

Die Annahme, beliebig oft das Erdenleben wiederholen zu können so lange, bis ihr den Grad der Vollendung erreicht habt, lässt euch lau werden in eurem Streben nach Vollendung, und daher ist eine solche Lehre abträglich für euer Seelenheil, sie ist eine Gefahr, denn viele Menschen sind dieser Lehre wegen nachlässig in ihrer Seelenarbeit, immer in der Hoffnung, in einem neuen Leben nachholen zu können, was sie versäumen. Doch eine solche Lehre ist irrig.

Ihr sollt die Gnadengabe der Verkörperung als Mensch restlos ausnützen, denn habt ihr einmal das jenseitige Reich betreten, dann ist euer irdischer Entwicklungsgang abgeschlossen, und jegliche Fortentwicklung hängt nun von eurer Einstellung im geistigen Reich ab, die ganz verschieden sein kann.

Ihr könnt bei gutem Willen, bei tätiger Hilfe der Lichtwesen und wirkungsvoller Fürbitte von Menschen auch im Jenseits noch Fortschritte verzeichnen und auch einmal zur Seligkeit gelangen, doch ihr müsst dazu weit mehr Kraft aufwenden als auf Erden.

Ihr könnt aber auch absinken zur Tiefe, wenn ihr ganz verstockten Herzens, also keines guten Willens, seid. Und in diesem Zustand wäre es ein wahrhaft ungöttlicher Akt, euch eine nochmalige Verkörperung auf Erden zu gewähren, die niemals einen geistigen Fortschritt gewährleisten würde, weil immer der freie Wille ausschlaggebend ist und euch auch die Rückerinnerung fehlen muss dieser Willensfreiheit wegen.

Seid ihr aber guten Willens, so könnt ihr auch im geistigen Reich jene Reife erlangen, die euch Lichtzufuhr sichert und also auch einen Grad von Seligkeit, der ständig erhöht werden kann; und dann tragt ihr kein Verlangen mehr danach, den Fleischleib anzulegen und eine nochmalige Verkörperung auf Erden einzugehen.

Die Einzelfälle, in denen dies geschehen kann, haben ihre ganz besondere Begründung, sind aber niemals als Norm anzusehen, so dass davon die Lehre der Wiederverkörperung abgeleitet werden könnte; denn es geht nicht darum, dass der Mensch einen bestimmten Reifegrad nicht erlangen könnte, denn dafür ist Jesus Christus am Kreuz gestorben, dass dies möglich ist, dass ein einmaliger Erdengang als Mensch die restlose Trennung aus der Form ihm eintragen kann. Es ist lediglich der Wille des Menschen, der versagt hat und dafür auch die Folgen auf sich nehmen muss, einen unseligen Zustand im geistigen Reich, den er nicht nach seinem Willen beliebig abbrechen und wandeln kann.

Zudem geht nach dem Willen Gottes alles aufwärts, nur der Wille des Menschen selbst kann rückschrittlich gerichtet sein; und also würde es dem Plan göttlicher Ordnung widersprechen, wenn durch Seinen Willen ein Wesen in eine zurückliegende Form versetzt würde, die es nicht recht ausgenützt hat und darum also von einem Missbrauch eines Gnadengeschenkes gesprochen werden kann, für den es sich nun auch verantworten und die Folgen auf sich nehmen muss.

Eine Wiederverkörperung kann wohl stattfinden in besonderen Fällen, dass zum Zwecke einer Hilfeleistung sich Lichtseelen verkörpern auf der Erde, die ihre große Liebe zur leidenden Menschheit dadurch zum Ausdruck bringen, dass sie einen nochmaligen Erdengang als Mensch auf sich nehmen, um den Mitmenschen zu helfen in geistiger Not. So kann also sehr wohl geglaubt werden, dass sich Menschen auf Erden aufhalten, die von oben herabgestiegen sind, es selbst aber nicht wissen und darum auch die Mitmenschen es wohl ahnen, aber nicht mit Sicherheit behaupten können.

Noch viel weniger aber sind solche Behauptungen glaubwürdig, dass Menschen sich zu öfteren Malen auf Erden befinden, bei denen keine geistige Mission zu erkennen ist.

Die Lehre der Wiederverkörperung ist eine Gefahr für die Menschen, denn die Einzelfälle werden verallgemeinert, und die Verantwortung des Menschen in der kurzen Zeit seines Erdenlebens wird außer acht gelassen und weicht der Sorglosigkeit dessen, der da glaubt, immer wieder nachholen zu können, was er versäumt.

Die Erkenntnis im jenseitigen Reich wird ihn dereinst schwer belasten, denn niemals ist dem Menschen das nachzuholen möglich, was er aus eigener Schuld im Erdenleben versäumt hat. Er kann wohl auch dort noch zu einem Lichtgrad gelangen und diesen stets mehr erhöhen, er wird aber niemals den Grad der Gotteskindschaft erreichen können, den zu erreichen nur auf Erden möglich ist; und er ist zudem noch in der großen Gefahr, im jenseitigen Reich noch abzusinken in die Tiefe, wenn er die Gelegenheit nicht ergreift und mit Hilfe der Lichtwesen nach oben strebt. Amen.

BD Nr. 7312 vom 20.03.1959, enthalten in Buch 77

Widerlegung der Wiederverkörperungslehre. Gerechtigkeit.

Ein helles Licht wird euch gegeben, so ihr den Willen habt, es leuchten zu lassen. Eine Zeit der Wirrnisse verwirrt auch das Denken der Menschen, die Denkfähigkeit wird schwächer, und sie können geistige Wahrheiten nicht mehr erkennen als solche, weshalb ein immerwährendes Zuleiten derer nötig ist und dies aufnahmewillige Menschen erfordert, durch welche geistiges Wissen den Suchenden übermittelt werden kann.

Eine solche Unterweisung kann nun verschiedentlich stattfinden, sie kann ergänzen ein Wissen, das schon vorhanden ist, sie kann als völlig neues Wissen geboten werden, so der Mensch vorher in irrigem Denken stand, sie kann aber auch als Widerlegung falscher Lehren ein Gebiet klären, über welches noch Unklarheit herrscht unter den

Menschen. Immer aber ist Voraussetzung, dass Gott-zugewandte Kräfte das geistige Gedankengut dem Menschen vermitteln, der als Aufnahmegefäß des göttlichen Geistes sich bereit erklärt, Gott zu dienen durch Verbreiten der Wahrheit. Diese Voraussetzung ist gegeben, sowie inniges Gebet um Zuführen der reinen Wahrheit einer jeden geistigen Unterweisung vorangeht.

Alle guten geistigen Kräfte haben nur ein Ziel, das auf der Erde verkörperte Wesenhafte mit Gott zu vereinen, d.h., ihm dazu behilflich zu sein. Eine geistige Vereinigung besteht aber nur im Zustand des Lichts, d.h. im Zustand des Erkennens, das die Folge eines Liebelebens ist. Um diesen Zustand zu erreichen, ist dem Menschen das Erdenleben gegeben, in dem er seine Fähigkeiten ausbilden kann, die am Anfang seiner Verkörperung nur schwach entwickelt sind, aber je nach seinem Willen eine aufsteigende oder auch absteigende Entwicklung erfahren können.

Sein Lebenslauf gibt ihm vollauf Gelegenheit

zu dieser Entwicklung, sie hängt aber nicht von mehr oder weniger entwickelten Gaben des Verstandes ab, sondern allein nur vom Willen zum Guten, von der Einstellung zu Gott und also dem Wirken in Liebe, dem Streben nach Anschluss an Gott durch gute Werke. Nur allein dadurch kann der Mensch eine so hohe geistige Entwicklungsstufe erreichen, dass er in ein Lichtstadium eintritt schon auf Erden, d.h., dass er zur Erkenntnis gelangt.

Dann ist die Angleichung an Gott schon vor sich gegangen, und dieser Zustand sichert der Seele des Menschen bei seinem Ableben den Eingang in das Lichtreich, in Sphären, wo sie sich an dem Erlösungswerk Christi beteiligen kann, wo sie fähig ist, anderen Seelen wieder zur Weisheit, zum Licht zu verhelfen, indem sie Liebe lehrt und also erlösend tätig ist. Diesen Grad der Vollkommenheit also können die Menschen mit Leichtigkeit erreichen, die nur den Willen haben zum Guten und die Verbindung mit Gott herstellen durch inniges Gebet.

Dass die Menschen verschiedene Auffassungsfähigkeiten haben, dass sie mehr oder weniger intelligent sind, ist keineswegs bestimmend für diesen Willen zum Guten. Denn der Geistesfunke im Menschen wird durch die Liebe zum Erwachen gebracht. Die Liebe aber wird im Herzen geboren, und sie kann überaus rege sein in einem Menschen, dessen Verstandestätigkeit beträchtlich hinter der eines anderen Menschen zurücksteht; und selbst wo das Licht, die Erkenntnis der Wahrheit, nicht außerordentlich zutage tritt während des Erdenlebens, kann die Seele beim Eintritt in das jenseitige Reich lichtumflossen sein, d.h., die Erkenntnis kann ihr blitzschnell kommen und ein überreiches Wissen sie nun befähigen zu eifriger Liebetätigkeit im Jenseits. Darum sind die Bedenken hinfällig, dass ein weniger entwickeltes Verstandesdenken das seelische Reifen beeinträchtigen könnte, dass also einer jeden Seele einmal die Gelegenheit geboten werden müsse, vorgeschrittene körperliche Fähigkeiten auszunutzen, um eine erhöhte Reife zu erlangen auf Erden.

Es können zwar solche Seelen auf Erden überaus segensreich wirken insofern, als dass sie ihre außergewöhnlichen Verstandesfähigkeiten in den Dienst des Mitmenschen stellen, um ihm geistiges Wissen zu vermitteln und ihn dadurch zu erhöhter Liebetätigkeit anzuregen. Es kann aber ebenso ein Mensch ohne besondere Anregung die Liebe zu höchster Entfaltung bringen, und es wird dieser Mensch unstreitbar zur höchsten Reife gelangen. Sein Denken kann aber gänzlich unkompliziert sein, es braucht keine höhere Weisheit erkennen zu lassen, und dennoch wird er gelenkt in seinem Denken und Handeln von guten geistigen Kräften, die ihn bedenken seiner Auffassungsgabe gemäß und ihn ständig antreiben zu vermehrtem Liebeswirken, um seine Vereinigung mit Gott zu erreichen. Denn die Liebe ist das Erste, aus ihr wird erst die Weisheit geboren, und diese Weisheit ist der Anteil der Seele, sowie sie in das geistige

Reich eingeht.

Die Liebe aber kann eine einmalige Verkörperung auf Erden voll zur Entfaltung bringen, weil die Liebe in jeder Lebenslage, in jedem Lebensschicksal, in jeder körperlichen und geistigen Verfassung geübt werden kann, weil dies nur zur Voraussetzung hat, dass der göttliche Funke im Menschen entzündet und zur höchsten Flamme entfacht wird, und dies der im Denken primitivste Mensch kann, so er nur den Willen hat, gut zu sein. Die Erkenntnis von Gut und Böse aber ist in ihm, weil beide Kräfte, gute und böse, um seine Seele streiten und also sein Denken von beiden geistigen Kräften beeinflusst wird und die Kräfte den Sieg über ihn tragen, denen sich sein freier Wille zuwendet. Wie aber sich sein Wille entscheidet, das ist bis zu einem gewissen Grade abhängig von seinem Glauben, von seiner Einstellung zu Gott und zu dem Erlösungswerk Christi, sowie er davon Kenntnis hat.

Jesus Christus starb den Tod am Kreuze für die

Schwachen, die aus sich nicht fähig waren, den Willen zum Guten aufzubringen. Niemand aber dünke sich, stark zu sein. Wenngleich er hohe geistige Fähigkeiten aufzuweisen hat, bedarf er doch der Gnaden des Erlösungswerkes, den von Jesus Christus erkauften starken Willen, um zum Lichtwesen reifen zu können während seines Erdenlebens. Darum hat Jesus Christus den Ausgleich geschaffen, auf dass alle selig werden können, die eines guten Willens sind.

(13.8.1944): Die Menschheit ist in ihrer geistigen Entwicklung zwar sehr zurückgeblieben, und sie beachtet keinerlei Fortschrittsmöglichkeiten. Es ist dies ein unverkennbarer Erkaltungsprozess, der aber im freien Willen des Menschen seine Ursache hat und für den er sich auch verantworten muss. Folglich kann für etwas, was aus eigenem Verschulden eingetreten ist, der Mensch keine Vergünstigung erwarten. Eine Vergünstigung aber wäre es, wenn er die aus eigenem Verschulden versäumte oder vernachlässigte Entwicklung beliebig nachholen könnte in einer nochmaligen Verkörperung auf Erden, denn er hat seinen freien Willen nicht in der rechten Weise gebraucht, wozu er aber in jeder Lebenslage fähig war durch das Erlösungswerk Christi, Der die Übermacht Seines Gegners über den Willen der Menschen gebrochen hat durch Seinen Tod am Kreuze.

Es gibt darum keine Begründung für einen nochmaligen Erdenlebenswandel einer unvollkommenen Seele, die auf göttlicher Gerechtigkeit fußen könnte, denn sowie der Mensch versagt hat trotz Zuwendung von Gnaden, kann er nicht eine beliebige Wiederholung einer Verkörperung auf Erden beanspruchen, um zu dem gleichen Reifegrad zu gelangen, den ein Mensch mit gutem Willen während seines Erdenlebens erreichen kann, sondern er muss dann den weitaus schwereren Aufstieg im Jenseits zurücklegen als gerechten Ausgleich für seinen verkehrten Willen.

Es haben die Menschen wohl verschiedene Erkenntnisse, verschiedenes Wissen und verschiedene irdische Fähigkeiten, und dies lässt sie oft zu der irrigen Ansicht kommen, dass das Reifen der Seele entsprechend diesen Fähigkeiten sich vollzieht. Es wird aber dann außer acht gelassen, dass nur die Liebetätigkeit ausschlaggebend ist, also nur das Liebeswirken die Aufwärtsentwicklung fördert.

Liebe aber kann ein jeder Mensch üben, denn dazu ist nur der Wille des Menschen nötig, es ist dies ein Trieb des Herzens, der in keinerlei Zusammenhang steht mit einem bestimmten Wissensgrad oder einer besonders entwickelten Verstandestätigkeit. Dass das Erkalten der Liebe verständlicherweise auch ein verringertes Wissen nach sich zieht, ist unbestreitbar, und darum tritt auch der finstere Geisteszustand besonders in Erscheinung, weil er die Folge der Lieblosigkeit ist, für die die Seele sich daher verantworten muss.

(14.8.1944): Von einer Höherentwicklung kann erst dann gesprochen werden, wenn die Seele sich mit dem Geist verbunden hat, wenn sie also die Liebe übt und dadurch den Geistesfunken in sich zum Leben erweckt, der nun in ständiger Tätigkeit bleibt, d.h. die Seele anregt zu immerwährendem Liebeswirken. Folglich ist ohne Liebeswirken ein Stillstand der Entwicklung oder gar bei offensichtlicher Lieblosigkeit ein Rückgang zu verzeichnen.

Es steht aber jedem Menschen das gleiche Gnadenmaß zur Verfügung, und die gleichen Gelegenheiten sind ihm gegeben zum Reifen der Seele. Nützt er nun solche nicht und lässt er auch die Gnaden ungeachtet, dass sie nicht an ihm wirksam werden können, so muss er auch laut göttlicher Gerechtigkeit die Folgen auf sich nehmen, d.h., er muss im Jenseits selbst mit dem Zustand fertig werden, in den er aus eigener Schuld, also verdientermaßen, geraten ist. Es wäre dann gewissermaßen eine Ungerechtigkeit, wenn ihm, der die große Gnade der Verkörperung nicht zu seinem Seelenheil ausgewertet hat, noch einmal die gleiche Gelegenheit geboten würde, nachzuholen, was er versäumt hat. Es wäre dies eine Ungerechtigkeit gegenüber denen, die ihr Erdenleben voll ausnutzten unter Nichtbeachtung ihres Körpers, unter Verzichtleistung und ständiger Enthaltsamkeit der Freuden der Welt.

Das tiefere Wissen ist nicht durchaus nötig, jedoch die Liebetätigkeit, und darum kann auch der unwissendste Mensch sich zur Höhe entwickeln, so er nur liebetätig ist, denn das Wissen geht ihm dann zu, sowie er es benötigt für seine Mitmenschen oder er in das geistige Reich eingeht. Denn dann kann er die Seelen im Jenseits beglücken mit seinem Wissen, das ihm blitzschnell nun vermittelt wird, auf dass er als Lichtträger wieder in Liebe wirken kann im geistigen Reich. Amen.

BD Nr. 3220 vom 14.08.1944, enthalten in Buch 42

Ringen im Jenseits. Nochmalige Verkörperung auf Erden?

Es ist von großer Bedeutung, wie das Erdenleben genützt wird, denn sowie dieses beschlossen ist, setzt ein völlig anderes Ringen um den Aufstieg zur Höhe ein, wie es auf Erden dem Wesen beschieden war. Das Erdenleben trug ihm fortgesetzt Kraft ein, die es nach Belieben nutzen konnte, während das Leben des Wesens im Jenseits dann erst mit Kraft gesegnet ist, wenn das Wesen in einem bestimmten Reifegrad ist, zuvor aber ein völlig kraftloser Zustand das Los der Seelen ist, bis sie diesen Reifegrad erreicht haben.

Es ist letzteres unsagbar schwer und wäre auch ganz unmöglich, wenn Gottes Gnade ihm nicht auch dann noch entgegenkäme in Form von Lichtstrahlungen, die ihm Momente des Erkennens bringen, um das Verlangen nach Licht in dem Wesen zu erwecken. Wieder sucht Gott nur den

Willen des Wesens zu wandeln, um ihm dann auch die Möglichkeit zu geben, den Willen auszuführen, nur sind die Bedingungen im Jenseits um vieles schwerer zu erfüllen. Ein kraftloses Wesen ist auch so willensschwach, dass es größter Anstrengung und Geduld von Seiten der Lichtwesen erfordert, das Wesen zu bestimmen, selbst seinen Willen tätig werden zu lassen.

Niemals aber wird ein Wesen im Stadium der Dunkelheit nach der Erde zurückverlangen, um seinen verfehlten Lebenswandel auf Erden gutzumachen, d.h., ihn zurückzulegen gemäß seiner eigentlichen Erdenaufgabe, denn nur dieser Wille würde der Seele einen nochmaligen Aufenthalt auf Erden eintragen. Der Wille der unreifen Seele gilt aber nur dem materiellen Erdenleben, niemals aber der geistigen Höherentwicklung, denn ist dieser erst einmal rege geworden in ihr, dann weiß sie auch, dass nur das Dienen in Liebe ihre Höherentwicklung fördert, und dazu hat sie im Jenseits wahrlich Gelegenheit genug.

Es ist eine ungeheure Arbeit zu leisten, soll den Seelen Licht zugeführt werden in Form von Wissen. Es ist die Tätigkeit im Jenseits, welche die Menschen auf Erden nicht begreifen können und die doch unsagbar wichtig ist. Was auf Erden versäumt wurde, muss im Jenseits nachgeholt werden, und wie auf Erden die geistige Hilfe am Mitmenschen ein Akt der Liebe ist, so ist auch die Tätigkeit der Wesen im Jenseits ein ununterbrochenes Liebeswirken, ein ständiges Austeilen dessen, was den Seelen mangelt, ein Austeilen von Licht und Wissen an die Seelen, die in der Finsternis weilen.

Diese Tätigkeit erfordert den freien Willen genau wie auf Erden. Es muss das Wesen bereit sein, sich dienend zu betätigen, dann schreitet es in seiner Entwicklung vorwärts. Hat es einmal die Willenlosigkeit überwunden, dann arbeitet es emsig an sich selbst. Es wird wohl auch der ungenützten Zeit auf Erden in tiefer Reue gedenken, sieht aber nun einen Wirkungskreis vor sich, der seine ganze Hilfswilligkeit erfordert. Es denkt die Seele nun mehr an die leidenden Seelen um sich als an ihren eigenen Zustand, und nun erst erfüllt sie ihre Aufgabe mit Hingabe, und es wird ihr eigener Zustand immer lichtvoller, weil sie nun Licht und Kraft empfängt, um es weiterzuleiten.

Ist sie aber einmal Licht- und Kraftempfänger geworden, dann verlangt sie nimmermehr nach der Erde zurück, es sei denn, es soll eine Aufgabe auf Erden ausgeführt werden, die die Verkörperung eines Lichtwesens auf Erden bedingt.

Es muss immer in Betracht gezogen werden, dass im Zustand der Dunkelheit der Seele auch die Erkenntnis mangelt, da sie ihre geistige Entwicklung vernachlässigt hat auf Erden. Erkennt sie dies aber, dann sieht sie auch die Möglichkeiten im Jenseits, die ihr den Aufstieg sichern.

Eine nochmalige Verkörperung auf Erden würde der Seele aber nur dann gewährt werden, wenn sie diese begehren würde in vollem Bewusstsein ihres unreifen Zustandes und zum

Zwecke eines Ausreifens der Seele, wenn also der freie Wille sie zu einem nochmaligen Erdenlebenswandel drängen würde, um einen erhöhten Reifezustand zu erlangen. Es setzt aber dies schon ein bestimmtes Wissen voraus und also auch einen bestimmten Reifegrad, d.h. Liebefähigkeit, die dann die Seele antreibt, sich an dem Erlösungswerk im Jenseits zu beteiligen, weil sie erkennt, dass auch dazu jede Kraft benötigt wird und sie nun ihre Liebe bereitwillig in den Dienst dieses Erlösungswerkes stellt. Amen.

BD Nr. 2336 vom 14.05.1942, enthalten in Buch 32

Es können niemals unvollkommene Wesen sich eigenmächtig zurückversetzen auf die Erde

Seht euch die Sterne des Himmels an, betrachtet das Firmament, und lasst eure Gedanken schweifen in das unendliche Weltall, das Schöpfungswerke birgt in unfassbarer Zahl.

Es ist der Mensch diesen Schöpfungswerken gegenüber nur ein winziges Geschöpf, so hat es wohl den Anschein, und doch ist die gesamte Schöpfung dazu bestimmt, das Wesen erst zu dem Aufenthalt auf Erden als Mensch vorzubereiten, es ist also die gesamte Schöpfung für den Menschen gewissermaßen das Mittel zum Zweck.

Es mussten die Schöpfungswerke erst das Geistige zu einer bestimmten Reife bringen, damit es dann Aufenthalt nehmen konnte im Fleisch und mit diesem Stadium seinen Erdengang beenden darf. Es war dies ein unendlich langer Weg auf

Erden, der nun aber seinen Abschluss findet, ganz gleich, wie die Gestaltung der Seele sich entwickelt hat, ob sie in hohem oder niedrigem Reifezustand am Ende des Erdenlebens steht. Es hat das Wesen seine Erdenaufgabe erfüllt, doch mit welchem Erfolg, ändert nichts mehr an der Tatsache, dass der Erdengang nun endgültig zurückgelegt worden ist, so der leibliche Tod die Seele von dem Körper trennt.

Nun geht die Seele in das jenseitige Reich ein, das nun für sie das Reich des Lichtes sein kann, aber auch ein lichtloser Aufenthalt, so das Erdenleben nicht genutzt wurde.

Es wäre nun ein Akt unendlicher Grausamkeit, würde die Seele durch Ewigkeiten hindurch in ihrem lichtlosen Zustand belassen, wenn ihr also keinerlei Gelegenheit mehr geboten würde, das auf Erden Versäumte nachzuholen zu können, so der freie Wille sich dafür entschlossen hat, den lichtlosen (Zustand) Aufenthalt mit helleren Regionen zu vertauschen.

Und also wird der Seele auch im Jenseits Gelegenheit geboten, sich selbst zu befreien. Es ist ihr freigestellt, sich einen Wirkungskreis zu suchen, der ihr die gleichen Möglichkeiten zur Höherentwicklung der Seele gibt, wie auf Erden, oder auch nun eine jede solche Möglichkeit zurückzuweisen und im lichtlosen Zustand zu verharren.

Es hat Gott unzählige Schöpfungen eben zum Zweck der Weiterbildung solcher unvollkommenen Seelen erstehen lassen, fernab vom menschlichen Wissen und auch diesem verstandesmäßig niemals ergründbar.

Wenn also von einer Reinkarnation gesprochen wird, so ist dies wohl richtig, jedoch wird niemals diese auf der gleichen Erde stattfinden, welche die Seele des Menschen einmal frei gegeben hat. Die Schöpfungen Gottes bergen allesamt Wesen, welche noch zur Höhe streben. Erst die vollkommenen Wesen, die Wesen des Lichtes, bedürfen keiner Schöpfungswerke mehr zu ihrer Aufgabe oder beglückenden Tätigkeit.

Nur solange das Wesen noch gebunden ist, d.h. sich noch nicht gelöst hat von der Materie, ist sein Aufenthaltsort auf von Gott-sichtbar-ins-Weltall-gestellter-Schöpfung, je nach seinem Reifezustand, jedoch immer außerhalb der Erde, denn der Aufenthalt auf dieser ist mit dem leiblichen Tode beendet.

Die göttlichen Schöpfungen sind in so undenklich vielen Variationen entstanden, dass alles unvollkommene Wesenhafte seinem Reifezustand entsprechend die Möglichkeit hat, ständig an sich zu arbeiten und das Werk der Selbsterlösung, das auf Erden begonnen oder versäumt wurde, fortzusetzen oder in Angriff zu nehmen. Es wird immer nur darauf ankommen, wie stark der Wille dieser Wesen ist nach dem Licht, wieweit also das Wesen Verlangen trägt, dem derzeitigen Zustand und der Umgebung zu entfliehen, um in lichtere Sphären zu gelangen.

Nur ist die ungenutzte Zeit auf Erden insofern

nicht mehr einzuholen, als dass der Aufenthalt auf Erden in recht genutztem Willen dem Wesen den Grad der Gotteskindschaft einträgt, was andererseits nicht mehr möglich ist, obgleich die Erlösung aus der Dunkelheit und das Eingehen in Lichtsphären für das Wesen gleichfalls ein unvorstellbarer Glückszustand ist, nur die Aufgaben dieser Wesen andere sind als die der wahren Gotteskinder.

Wenn nun durch geistiges Schauen die Menschen Einblick nehmen in das Wirken ringender und auch erlöster Wesen, so vermögen sie doch nicht den Lichtgrad zu ermessen und noch viel weniger den Aufenthaltsort zu erkennen, in denen sich die Seelen nun bewegen. Es sind also die Seelen in Tätigkeit, sofern sie zur Höhe verlangen, und es wird diese Tätigkeit irrtümlich als irdische Tätigkeit erachtet, also daraus der Schluss gezogen, dass sich diese Wesen wieder auf Erden befinden.

Es sind keine wesentlichen Merkmale, die den nunmehrigen Aufenthaltsort kennzeichnen; es sieht der Geistig-Schauende mehr die eigentliche Tätigkeit der Wesen als ihre Umgebung, und diese Umgebung ist dem Schauenden nur schemenhaft erkennbar; sie entspricht auch dem Lichtzustand des Wesens und ist sonach ganz verschieden, immer jedoch dem Reifezustand und dem Verlangen des Wesens angepasst.

So also das Wesen noch sehr erdgebunden ist, d.h. noch mit allen Sinnen an der Erde und deren Gütern hängt, wird auch die Umgebung solche Formen annehmen, denn es schafft sich das Wesen diese Umgebung selbst seinen Begierden entsprechend. Es kann daher die Seele wohl in irdischen Gefilden weilen, ohne jedoch mit der Erde noch verbunden zu sein. Es wird sich die Umgebung seinem Verlangen und Reifezustand angleichen, jedoch immer nur in seiner Vorstellung, die aber der geistig Schauende als Wirklichkeit ansieht und daher zu dem irrigen Denken gelangt, dass diese Wesen wieder zur Erde zurückkehren und sich also wieder verkörpern dürfen auf der Erde.

Es können niemals unvollkommene Wesen sich eigenmächtig zurückversetzen auf die Erde, so sie den Erdenweg durch undenklich lange Zeiten zurückgelegt haben und nun als Mensch mit dem Leibestod das Erdendasein beschlossen haben.

Was sie nachher zu erwarten haben, ob in reifem oder unreifem Seelenzustand, ist geistiges Erleben völlig außerhalb der Erde, denn das ganze Weltall hat Schöpfungen aufzuweisen, die wieder dazu bestimmt sind, das Geistige im Universum zu bilden, auf dass es sich von allem frei machen kann, was noch lastend das Geistige umschließt.

So das Erdenleben diese Erlösung nicht dem Wesen gebracht hat, muss es durch Gottes weitere Schöpfungen gehen, auf dass es endlich zu Licht gelange und in Gottnähe ewige Glückseligkeit genießen kann. Amen.

BD Nr. 1587 vom 29.08.1940, enthalten in Buch 25

Wiederverkörperung auf der Erde nur in seltenen Ausnahmefällen

Reinkarnation... Irrlehre... Gotteskindschaft

Ihr werdet euch stets von der Wahrheit entfernen, sowie ihr die Bindung mit Mir lockert und nur denkt mit eurem Weltverstand, der die geistige Wahrheit nicht erkennen kann. Denn der Verstand will sich immer eine Erklärung so geben, wie es seinen Wünschen und Berechnungen entspricht, die Wahrheit aber stimmt nicht immer damit überein. Die Gedanken des Menschen sollen zwar nicht ausgeschaltet werden, aber immer in geistigen Fragen dem Geist in sich den Vorrang lassen, also sich erst von Mir beschenken lassen durch seinen Geist, um dann gedanklich die Gaben zu verwerten. Ich will euch stets ein helles Licht geben, doch ihr selbst dürft keine Wand davorstellen, durch die das Licht nicht mehr durchdringen kann. Und eine Wand richtet ihr selbst auf, sowie ihr selbst gedanklich tätig werdet in einer Richtung, die euch zusagt.

Ihr Menschen wünscht, dass ihr lebt auf Erden, und wollt zumeist das Erdenleben ungern dahingeben. Und also gehen eure Gedanken solche Wege, und euer Wunschtraum ist ein mehrfaches Leben, weil ihr laut göttlichem Naturgesetz es selbst euch nicht verlängern könnt. Von diesem Blickfeld aus suchen sich nun eure Gedanken die Wege zur Erfüllung dieses Wunsches, und euch ist die Wiederverkörperungslehre willkommen, und ihr bewertet sie als Wahrheit, wenngleich sie nur eine Teilwahrheit enthält.

Die Wiederverkörperung, wie ihr sie euch vorstellt, weil ihr es so wünscht, wäre gewissermaßen die Wiederholung eines Entwicklungsstadiums, weil der Mensch auf Erden versagt hat oder nicht die Vollreife erlangte, die er sehr wohl erlangen kann. Es muss euch Menschen doch aber verständlich sein, dass solches nur einen ständigen Wechsel des Aufenthaltes für die Seele bedeuten würde, die also nun nach Belieben bald das irdische, bald das geistige Reich bewohnen würde; und es wäre das gleich einer Stockung im Kreislauf von Ewigkeit, ein Auf-immer-derselben-Stufe-Verharren, oder, solange der freie Wille nicht ausgeschaltet ist, auch ein Absinken für die Seele sein könnte, weil der freie Wille einem Menschen immer gegeben wird, laut dessen er sich nach oben oder nach unten entwickeln kann.

Es muss euch ferner klar sein, dass alle Gestirne die gleiche Bestimmung haben, den Wesen geistige Ausbildungsmöglichkeiten zu geben, und dass sonach die Weiterentwicklung nicht unbedingt von der fleischlichen Rückkehr zur Erde abhängig ist, ja eine solche eher den bisherigen Reifegrad gefährden könnte, weil die Erde noch zuviel unreifes Geistiges birgt, das einen schlechten Einfluss ausüben kann auf die Seelen, die im Erdenleben versagten und darum eine neue Rückkehr verlangten.

Einer zur Erde zurückverlangenden Seele wird zwar der Wunsch gewährt, weil der Wille auch im jenseitigen Reich frei und sonach bestimmend ist für ihren Seelenzustand, jedoch ihr Menschen habt dann nicht mehr das Verlangen nach der Erde, wie es jetzt bei euch vorherrscht, ihr wollt nicht mehr den schweren irdischen Leib anziehen, sondern ihr seid, als einmal im geistigen Reich zu noch so geringer Erkenntnis gelangt, mit der euch umgebenden Sphäre schon so vertraut, dass ihr sie ausnützt, wie es euch möglich ist, und dadurch einen weit höheren Reifegrad erreichen könnt mit Sicherheit, als ihr euch durch einen nochmaligen Erdengang erzielt.

Ich kann euch nur immer wieder das gleiche sagen: Ihr habt Irrtum einschleichen lassen durch eigenes Denken in das geistige Gut, das euch als Wahrheit von Mir geboten wurde, ihr habt

Einzelfälle verallgemeinert, weshalb wohl die Wiederverkörperungslehre nicht gänzlich abgelehnt werden kann, jedoch in der von euch dargebotenen Weise sich zu einer Irrlehre ausgebildet hat, die Ich immer wieder berichtigen werde, auf dass ihr euch nicht in einer Annahme verrennt, die eure Aufwärtsentwicklung hier auf Erden gefährdet, die euch lau und nachlässig werden lässt in der Arbeit an euch selbst.

Die Fälle der Rückversetzung einer Seele zur Erde sind so selten und stets besonders begründet, doch es ist falsch, aus diesen Tatsachen feststehende Lehren machen zu wollen, die das Denken der Menschen nur verwirren und die alleinige Wahrheit zweifelhaft erscheinen lassen.

Ihr Menschen könnt auf Erden unvorstellbar viel erreichen, ihr könnt während eines Erdenlebens den höchsten Grad der Reife, die Gotteskindschaft, erreichen, denn dafür bin Ich Selbst als Mensch Jesus am Kreuz gestorben: und es wird euch stets Mein Wille kundgetan durch Mein

Wort, und ein unermesslicher Gnadenschatz steht euch ständig zur Verfügung. Wer aber alles dessen nicht achtet und sein seelisches Ausreifen nicht anstrebt, der wird auch unwiderruflich die Folgen tragen müssen im geistigen Reich, doch durch Meine übergroße Liebe und Barmherzigkeit auch dann noch zur Höhe steigen können, wenn es sein Wille ist, denn Ich habe wahrlich viele Schulhäuser in Meinem Universum, wo ihr noch viel nachholen doch nur schwerlich den Grad der Gotteskindschaft erreicht könnt, der euch zu Meinen Erben macht, den ihr aber nur über den Erdenweg erreichen könnt. Amen.

BD Nr. 5188 vom 13.08.1951, enthalten in Buch 58

Verkörperung der Lichtwesen. Mission.

Im Zeitraum einer Entwicklungsperiode verkörpert sich die menschliche Seele nur einmal, es sei denn, sie nimmt einen nochmaligen Erdenlebenswandel im freien Willen auf sich zum Zweck der Erfüllung einer Mission. Es ist also eine Rück-Verkörperung nur möglich nach Ablauf einer Entwicklungsperiode, sowie diese nötig ist, um das gänzlich Gott-ferne Geistige, das auf Erden versagt hat, doch noch in Gottnähe zu bringen. Eine solche Rückverkörperung aber ist keineswegs dem Willen des Wesens entsprechend, sondern sie würde als Zwangszustand empfunden, dem der Mensch aus freiem Willen niemals zustimmen würde. Es setzt die erneute Verkörperung als Mensch auch den Gang durch sämtliche Schöpfungswerke voraus, der unvorstellbar qualvoll ist. Ist aber ein Lichtwesen bereit, auf Erden eine für die geistige Entwicklung der Menschen nötige Aufgabe zu erfüllen, so kann es sich auf Erden wieder verkörpern und auch dadurch einen noch höheren Reifegrad erreichen, also es scheidet dann der Gang durch die Schöpfungswerke zuvor aus, es inkarniert sich die Seele von oben in einem Fleischleib, um nun unter gleichen Bedingungen als Mensch auszureifen zu jenem Grade, der dann das Ausführen der ihm gestellten Aufgabe möglich macht.

Solche Seelen werden immer den in geistiger Not befindlichen Seelen beigegeben, es sind Führer auf Erden, Menschen, die in der Gotterkenntnis stehen und dadurch den Menschen beistehen können in ihrer geistigen Entwicklung.

Je größer die geistige Not ist, desto mehr Lichtwesen verkörpern sich, um ihnen zu helfen. Sie benötigen aber den Erdenweg nicht mehr, um sich erst zu einem Lichtwesen zu gestalten, sondern ihre Seele ist eine Seele des Lichtes, nur ohne Wissen um ihren geistigen Zustand und darum voller Streben nach der Höhe, weil ein solches für die Mitmenschen von größter Bedeutung ist, dass diesen der Weg gezeigt werden soll, der zur Höhe führt.

Von einer Reinkarnation zum Zwecke der Vervollkommnung kann also nicht gesprochen werden, und darum ist auch die Ansicht irrig, dass eine Seele sich beliebig verkörpern kann zum Zweck der Weiterentwicklung.

Denn nur eine vollkommene Seele, ein Lichtwesen, nimmt freiwillig die materielle Hülle auf sich, weil es zur Liebe geworden ist und die Liebe zu dem unfreien Geistigen es bestimmt, in eine Kerkerhaft zurückzukehren, der sie längst entflohen ist. Eine noch reifebedürftige Seele aber würde sich sträuben, zur Erde zurückzukehren, weil sie sich der Erdenschwere entrückt fühlt, sowie sie schon in der Erkenntnis steht, und letzteres für sie auch das Wissen bedeutet um die Möglichkeit einer Aufwärtsentwicklung im geistigen Reich und sie diese bei weitem einem nochmaligen Erdenleben vorzieht. Die Entwicklungsmöglichkeiten im geistigen Reich sind jedoch dem Reifezustand jeder Seele angepasst.

(13.9.19439) Je williger die Seele ist, je mehr sie die Aufwärtsentwicklung anstrebt, desto tätiger ist sie auch und desto mehr vergeistigt sie sich, d.h., sie benötigt weder materielle Schöpfungen, noch verschafft sie sich selbst solche durch ihr Verlangen, wenn auch nur in ihrer Einbildung. Sie trennt sich immer mehr davon, und auch irdische Wünsche treten mehr und mehr zurück. Dementsprechend lebt sie nun in geistigen Sphären, in einer Umgebung, die nur als geistige Schöpfung anzusprechen ist. Jede Möglichkeit einer Höherentwicklung wird ihr geboten, und sie bedarf wahrlich nicht eines nochmaligen Aufenthaltes auf der Erde und verlangt auch nicht danach, weil sie das Erdenleben als ein überwundenes Stadium ihrer Entwicklung ansieht, wenngleich es ihr nicht die Reife eingetragen hat, die der Seele zu erreichen möglich war, aber es war für sie ein gefesselter Zustand, von dem sie sich nun befreit fühlt und den sie nimmermehr anstreben würde.

Anders ist es bei einer noch gänzlich materiellen Seele, die ohne jedes Erkennen von der Erde scheidet und noch mit allen Sinnen an die Erde gekettet ist. Diese Seelen verlangen wohl nach der Erde zurück, aber niemals, um geistig auszureifen, sondern um nur rein körperlich genießen zu können, weil die Liebe zur materiellen Welt und zum eigenen Ich die Seele erfüllt und das Verlangen nach der Erde immer größer werden lässt.

(*Anmerkung:* dies sind die im jüdischen Sprachgebrauch sogenannten Teufel, bzw. im griechischen die Dämonen, was aber ein und dasselbe ist, nämlich Seelen verstorbener Menschen, HH).

Diese Seelen aber sollen die Liebe zur Materie überwinden und müssen es im Jenseits tun, weil sie es auf Erden versäumten. Sie schaffen sich durch ihre Begierden selbst eine irdische Welt im geistigen Reich, sie sehen und besitzen alles, was sie sich wünschten, doch nicht mehr in Wirklichkeit, sondern nur in ihrer Phantasie, und zwar so lange, bis sie zum Erkennen kommen, dass sie nur Scheingütern nachjagen und ihr Verlangen danach nun überwinden. Dann erst ändert sich ihre Umgebung, und dann erst beginnen sie ihre Tätigkeit im geistigen Reich, die ihnen eine Aufwärtsentwicklung gewährleistet. Amen.

BD Nr. 2881 vom 13.09.1943, enthalten in Buch 37

Wiederverkörperung aus besonderer Begründung

Jeder einst gefallene Urgeist muss sich selbst im freien Willen zur Vollendung bringen. Und das erfordert eine endlos lange Zeit der Entwicklung aus der tiefsten Tiefe zur Höhe. Es ist dieser Entwicklungsprozess ein Vorgang, der Meiner ständigen Hilfe bedarf, weil das Wesen anfänglich so schwach ist, weil es über keinerlei Kraft verfügt, so dass Meine Kraft mithelfen muss, um diese Aufwärtsentwicklung möglich zu machen. Ich musste den gefallenen Wesenheiten immer so viel Kraft zuführen, dass sie eine ihnen zugewiesene Bestimmung erfüllen konnten. Es musste ihnen eine dienende Tätigkeit ermöglicht werden, und es schritt das Geistige unwiderruflich in seiner Entwicklung fort.

Immer wieder habe Ich euch erklärt, warum diese dienende Tätigkeit verrichtet werden musste und dass undenkliche Zeiten dazu nötig waren, bis das gefallene Urwesen sich als Mensch verkörpern durfte. In diesem letzten Stadium als Mensch besitzt das Urwesen jedoch den freien Willen, der sowohl die letzte Vollendung zustande bringen als auch den erneuten Abfall zur Tiefe veranlassen kann. Der freie Wille also kann die restlose Freiwerdung aus der Form anstreben, und es wird dem Menschen dann auch die Kraft zugehen, das Werk der Vollendung auszuführen; und er geht dann als lichtvoller Geist in die Ewigkeit ein, er betritt Mein Reich des Lichtes und der Seligkeit und schreitet nun auch ständig zur Höhe, weil der Grad der Vollkommenheit keine Begrenzung kennt, weil das Streben zu Mir niemals aufhört und doch unsäglich beseligt.

Versagt der Mensch auf Erden in seiner letzten Willensprobe, so ist dennoch sein Erdendasein beendet mit seinem Leibestode, er geht in das jenseitige Reich ein, findet jedoch keinen Eingang in lichtvolle Sphären. Er weilt in der Finsternis oder auch in der Dämmerung, je nach dem Reifegrad der Seele, aber immer entsprechend seinem Lebenswandel, den der Mensch auf Erden geführt hat, und nun also muss die Seele die Folgen tragen. Es kann ihr keine Glückseligkeit gewährt werden, weil das Gesetz ewiger Ordnung auch Gerechtigkeit fordert.

Die Seelen, die ohne jegliches Licht sind, bewegen sich zumeist noch in Erdsphären, sie sind oft noch erdgebunden, so dass sie sich an

Menschen anklammern und diese nun zu bestimmen suchen, ganz nach ihrem Willen und ihren Anschauungen zu handeln, so dass sie oft das eigentliche Wesen des Menschen, dessen Seele, zurückdrängen, also selbst Besitz ergreifen von der Form, und nun gewissermaßen ein zweites Leben führen auf der Erde, ohne jegliche Berechtigung, und die eigentliche Seele des Menschen hat keine Kraft, sich durchzusetzen und diesen Ungeist aus sich zu vertreiben. Der Mensch wird geplagt von Leiden und Schmerzen aller Art, die jener Ungeist über ihn bringt, bis es dieser Seele gelingt, eine starke Bindung mit Mir herzustellen, die es Mir dann ermöglicht, den Ungeist auszutreiben, der nun auch erkennt, dass er nicht mehr auf Erden lebt.

Solchen erdgebundenen Seelen nun eine nochmalige Rückkehr zur Erde zu gestatten würde nur das sichere erneute Versagen zur Folge haben, da diese Seelen ohne jegliche Rückerinnerung und doch wieder im Besitz des freien Willens zur Erde kämen. Eine solche Rückverkörperung dürft ihr Menschen also niemals annehmen.

Ihr dürft auch nicht an eine Rückversetzung der Seele zur Erde glauben zum Zwecke ihrer Vollendung, wenn sie auf Erden versagte oder den Grad der Vollendung nicht erreichte und ihn nun zu erreichen glaubt.

Bedenkt, ihr Menschen, dass Mein Gnadenmaß unbegrenzt ist, das Ich euch zur Verfügung stelle, bedenkt auch, dass Ich für euch das Erlösungswerk vollbracht habe, dass es einer jeden Seele möglich ist, erlöst von dieser Erde zu scheiden, und dass dann eine solche Seele wahrlich noch im Jenseits zur Höhe steigen und unermesslich selig werden kann.

Es wird nun zwar auch der freie Wille jeder Seele im geistigen Reich beachtet, und verlangt die Seele nun zurück zur Erde, dann wird ihr das Verlangen erfüllt. Aber sie nimmt ein großes Risiko auf sich, dass sie auch zurücksinken kann zur Tiefe, weil wieder der freie Wille im Erdenleben bestimmend ist. Eine Seele aber, die nur einen ganz kleinen Lichtschimmer aufweisen kann, erkennt die Ausreifungsmöglichkeiten im Jenseits, und sie wehrt sich dagegen, nochmals einen Fleischleib zu tragen.

Einer völlig lichtlosen Seele wird niemals eine Rückkehr zur Erde gestattet, denn sie muss erst eine Sinnesänderung bezeugen, und dann ist sie selbst auch nicht mehr bereit, den erneuten Gang über die Erde zu gehen.

Doch in der Endzeit sind Fälle von Wiederverkörperung zugelassen, die jedoch ihre besondere Begründung haben: einmal zum Zwecke einer Mission, wo sich Lichtwesen zur Erde begeben, der großen geistigen Not wegen, deren Verkörperung aber nicht in den Menschen den Glauben aufkommen lassen darf, dass eine jede Seele zurückkehrt zur Erde zwecks höherer Reife.

Doch es gibt auch Seelen, die, sowie ihnen ein kleiner Schimmer der Erkenntnis leuchtet, ihre große Schuld erkennen, die sie im Erdenleben auf sich geladen haben. Einzelfälle, die große Sühne fordern, die zwar auch im Jenseits abgetragen werden könnte, die aber jene Seelen zu der großen Bitte veranlasst, auf Erden diese Schuld abtragen zu dürfen und die auch bereit sind, zugleich eine dienende Mission zu erfüllen.

Doch es dürfen niemals solche Fälle verallgemeinert werden, weil dies eine große Irreführung ist, die sich nur zum Unheil der Menschen auswirken kann. Diese Seelen werden auch ungewöhnliche Leidensschicksale auf sich nehmen müssen, die oft die Mitmenschen an Meiner Liebe zweifeln lassen könnten, die aber eben in der großen Schuld jener Seelen zu erklären sind, die die eigentliche Begründung deren Erdenlebens ist.

Der tiefe, lebendige Glaube an Jesus Christus und Sein Erlösungswerk ist Garantie dafür, dass jegliche Schuld durch Sein Blut getilgt ist. Jene Seelen aber fanden nicht die Erlösung durch Jesus Christus in ihrem Erdenleben und nahmen daher die große Schuld mit hinüber in das geistige

Reich. Doch um jenen erneuten Erdengang gehen zu dürfen, muss die Seele schon zu einem bestimmten Lichtgrad gekommen sein, sie muss den Weg zu Jesus Christus im Jenseits gefunden haben, sie muss Vergebung dieser Schuld erbeten und dann in völlig freiem Willen zu dem Sühnewerk sich entschlossen und diesen von Mir erbeten haben, ansonsten ihr eine Rückkehr zur Erde verweigert wird.

Immer sage Ich, dass die Lehre einer Wiederverkörperung eine Irrlehre ist, wenn sie angewendet wird für alle Menschen, die unvollkommen von dieser Erde abgeschieden sind; und immer habe Ich von besonderen Begründungen gesprochen, die eine solche Rückverkörperung rechtfertigen. Die Gnade Meiner Liebe nicht angenommen oder ausgewertet zu haben ist eine erneute Versündigung gegen Meine Liebe, und diese Sünde könnt ihr nicht beliebig mit einer nochmaligen Rückkehr zur Erde abtun.

Ihr habt die Möglichkeit, durch Jesu Blut euch

reinzuwaschen von aller Schuld, solange ihr auf Erden weilt; und Meine Liebe zu euch tut wahrlich alles, um euch zur Vollendung zu verhelfen. Und diese Liebe dürft ihr nicht zurückweisen, ansonsten euch im Jenseits ein qualvolles Los erwartet, wie es Meine Gerechtigkeit verlangt, selbst wenn Meine Liebe übergroß ist und euch auch dann noch helfen wird, dass ihr einmal zum Licht gelangt. Denn auch Meine Liebe kann nur im Rahmen göttlicher Ordnung wirken. Amen.

BD Nr. 8000 vom 23.09.1961, enthalten in Buch 84

Hilfsbereitschaft der verkörperten Lichtwesen

Glaubt es, dass es sehr schlecht bestellt wäre um die Menschen in der letzten Zeit vor dem Ende, würde Ich nicht immer wieder Lichtboten zur Erde senden, die ihnen unmittelbar von Mir aus Licht und Kraft bringen und so dazu beitragen, dass wenigstens die Menschen gerettet werden, die Meinem Gegner noch nicht ganz verfallen sind. Diese Lichtboten also kämpfen gegen den Fürsten der Finsternis, indem sie den Irrtum aufdecken, in dem sich die Menschen bewegen, indem sie also das Licht der Wahrheit ihnen bringen und somit auch den Weg erleuchten, der zu Mir führt, zurück in ihr Vaterhaus.

Es müssen starke Gegenkräfte in dieser Zeit am Werk sein, denn die Macht des Gegners ist groß, weil die Menschen selbst ihm diese Macht einräumen durch ihre falsche Einstellung zu Mir, ihrem

Gott und Schöpfer von Ewigkeit. Sie bewegen sich in seinem Reich und gehen ständig in der Dunkelheit des Geistes dahin. Mein Reich aber ist das Reich des Lichtes und der Seligkeit, und aus diesem Reich erbieten sich Mir lichtvolle Wesen, die hilfsbereit sind und, von der Liebe zu dem Unglückseligen getrieben, zur Erde herabsteigen wollen, um ihnen zu helfen, dass sie doch noch vor dem Ende den Rückweg beschreiten; und da nur Liebe sie treibt zu diesem Rettungswerk, nehme Ich es auch an und setze sie dort ein, wo eine Aussicht auf Erfolg besteht, wo sie nun in Liebe wirken, sowohl irdisch als auch geistig, denn sie leben nun als Mensch mitten unter Menschen und müssen sich also auch - wenngleich ihre Seelen schon ausgereift sind - den Menschen angleichen.

Sie treten darum nicht außergewöhnlich hervor, sondern leben in gleicher Weise, oft in ärmlichen Verhältnissen. Doch sie werden niemals Not zu leiden brauchen, weil sie als Meine Knechte auf

Erden wirken und Ich immer als ein guter Hausvater auch jede irdische Sorge für sie übernehme. Dennoch treten sie nicht auffällig aus ihrer Umwelt heraus, doch von jedem gläubigen Menschen sind sie zu erkennen an ihrer ungewöhnlichen Mission; denn sie dienen Mir als Träger des Lichtes, als Träger der Wahrheit, die sie direkt von Mir in Empfang nehmen und ihren Mitmenschen weiterleiten können.

Nur die reine Wahrheit kann den Menschen noch Rettung bringen, die völlig im Irrtum, in der Dunkelheit des Geistes leben und daher in größter Gefahr sind, verlorenzugehen. Denn ihr Menschen könnt es nicht ermessen, wie gefährdet darum die Menschheit in dieser letzten Zeit vor dem Ende ist; und dies veranlasst Mich, Lichtboten zur Erde zu senden, die als Mensch nun ihr möglichstes tun, die an Meiner Statt wirken auf Erden, auf dass die Menschen keinem Glaubenszwang unterliegen.

Diese Lichtträger selbst werden es wohl ahnen,

woher sie kommen, sowie sie selbst als Mensch Offenbarungen von Mir empfangen, um ihre Mission ausführen zu können, denn sie werden bald den geistigen Tiefstand der Mitmenschen erkennen und die Hoffnungslosigkeit derer, je zum Licht der Wahrheit zu gelangen, wenn ihnen nicht ungewöhnliche Hilfe gebracht wird. Und da sie selbst in das Wissen um alle Zusammenhänge eingeführt werden von Mir durch die Zuleitung des Wortes, so wissen sie auch, dass sie selbst aus einer anderen Sphäre kommen zum Zweck einer Mission; und doch bleibt es ihnen von Mir aus verborgen, woher sie kommen, bis sie einen bestimmten Reifegrad als Mensch erreicht haben, der aber auch erst kurz vor Beendigung des Leibeslebens erreicht wird, denn es ist auch belanglos für die Mission des Menschen, welcher Geist sich in ihm verkörpert hat, da alle Lichtwesen, die zur Errettung der Menschen sich zu diesem Erdengang erbieten, Liebegeister sind, die Meinem Herzen nahestehen, und Meine Liebe zu allen Meinen Geschöpfen so endlos tief ist, dass Ich von Meiner Seite aus keine Einstufung vornehme, wie es immer ein begrenztes Denken tut.

Bei euch Menschen aber ist dieser Wunsch anzutreffen, über euer Vorleben zu erfahren, und dann veranlasst Mich eure Liebe zuweilen dazu, euch kleine Hinweise zu geben, vorausgesetzt, dass ihr diese Hinweise richtig deutet, denn in Meinem Reiche sind endlos viele Wesen, die im gleichen Liebegrad stehen, die, wenngleich ein jedes Wesen ichbewusst ist, wieder der Beschaffenheit eines großen Urgeistes entsprechen eben durch ihre übergroße Liebe. Diese umfasse auch Ich wieder mit Meiner Liebe und bin ihnen auch auf Erden gegenwärtig, um ihnen beizustehen in ihrer geistigen Mission, weil eine solche dringend nötig ist, weil die Menschheit in einem geistigen Tiefstand angelangt ist, wo nur noch die reine Wahrheit wieder zur Höhe führen kann, die ihr, Meine Boten, von Mir direkt entgegennehmen und weiterleiten sollt, auf dass der Irrtum erkannt werde, auf dass es Licht werde auf Erden, auf dass Ich Selbst erkannt werde von den Menschen in Meinem ganzen Wesen.

Denn Mein Gegner sucht gerade diese Erkenntnis zu unterbinden, um die Menschen zu verhindern, den Weg zu Mir zu suchen und zu finden, denn wer Mich erkennt in Meiner endlosen Liebe, unübertrefflichen Weisheit und übergroßen Macht, der wird Mir auch zustreben, und er wird gerettet sein vor dem nochmaligen Absturz in die Tiefe. Amen.

BD Nr. 8664 vom 05.11.1963, enthalten in Buch 91

Verkörperung vieler Lichtseelen in der Endzeit. Jesus Christus

Auch den Lichtwesen dient die irdische Welt zu ihrer Vollendung. Denn sie gibt die meisten Möglichkeiten zur Erlangung der Gotteskindschaft, die auch ein Lichtwesen nur durch ein Leben im Fleisch auf dieser Erde erreichen kann. Der Gang auf dieser Erde als Mensch setzt aber dann nicht die Aufwärtsentwicklung im Musszustand voraus, sondern eine Lichtseele kann sich direkt ins Fleisch einzeugen, um nun den freien Willensentscheid abzulegen, wozu ihr oft harte Proben auferlegt werden.

Immer wieder steigen Lichtseelen zur Erde nieder, und ganz besonders in der letzten Zeit vor dem Ende sind viele solche Verkörperungen zugelassen, weil gerade diese schwere Erdenlebenszeit höchste Reifegrade gewährleistet, wie aber auch die irrenden Menschen geistige Führer brauchen, die nur solche als Menschen verkörperte Lichtwesen abgeben können.

Jesus Christus

Eine solche Lichtseele war auch Jesus Christus, die eine übergroße und heilige Mission auf sich nahm, welche die größte Anforderung an den Willen eines Menschen stellte. Seine Seele war wohl vollkommen, als sie diese Erde betrat, dennoch hatte dieser Lichtgrad keinen Einfluss auf das Erdenleben des Menschen Jesus, ansonsten Seine Mission, die Erlösung der Menschheit, an Wert verloren hätte. Es waren äußerst schwere Bedingungen, die dem Menschen als solchen gesetzt wurden. Er musste, wie jeder andere Mensch, den Körper mit seinen Wünschen und Begierden überwinden, die überaus stark in Ihm entwickelt waren und also überaus große Selbstbeherrschung und Kasteiung erforderte. Sein Seele musste sehr großen Versuchungen widerstehen, es war ein steter Kampf, den der Mensch Jesus in

Seiner Jugend zu führen hatte wider Sich selbst. Und darum waren Seine Liebe, die Sanftmut und die Geduld viel höher zu bewerten als die eines sanften, begierdelosen Menschen, der nichts zu überwinden braucht, weil ihn nichts oder wenig lockt.

Die Seele des Lichtes wusste von Anbeginn um ihre Mission und ging dann ihren Erdenweg, als die Not der Menschheit dies bedingte. Also kam Jesus zu einer Zeit zur Erde, wo die Triebhaftigkeit unter der Menschheit überhandgenommen hatte und den Menschen nun eben ein Beispiel gegeben werden musste, dass und wie es möglich war, der Triebhaftigkeit Herr zu werden.

Alles, auch das Schwerste, vermag die Liebe durch ihre Kraft. Es gibt nichts Unüberwindliches für einen Menschen, der in der Liebe lebt. Die Liebe selbst ist Kraft und kann also auch den freien Willen zu unerhörter Kraft gestalten, so dass dem Menschen alles möglich ist.

Wenn nun in der Zeit des Endes eine außergewöhnlich zahlreiche Verkörperung von Lichtseelen auf Erden stattfindet, so wird diesen allen eine Mission aufgegeben, die Liebe und Willensstärke erfordert. Allen diesen Seelen aber ist das gleiche eigen: das göttliche Wort unter den Menschen zu verbreiten. Denn durch wissende Seelen wird ihnen auf Erden das Wissen erschlossen, resp. in Erinnerung gebracht, und es drängt sie, dieses Wissen weiterzugeben an die Mitmenschen, die in Finsternis des Geistes dahingehen. Also ist dies ein Merkmal derer, die von oben sind, dass sie eifrig beteiligt sind an der Verbreitung des göttlichen Wortes, doch wohlgemerkt, des Wortes, das im geistigen Reich seinen Ausgang genommen hat.

Die Liebelehre, die Jesus Christus auf Erden verkündet hat, war das von Gott Selbst durch Jesus gesprochene Wort und wird es auch bleiben bis in alle Ewigkeit. Und dieser Liebelehre soll und muss immer Erwähnung getan werden, wo ein Mensch für Gott eintreten will. Verkörperte Lichtseelen nun finden in der Verbreitung dieser göttlichen Liebelehre allein ihr Erdenglück, und diese sind die rechten Vertreter Gottes auf Erden. Was außerhalb dieser Lehre gelehrt wird, ist Menschenwerk. Wer dafür eintritt, der entstammt nicht dem Reiche des Lichtes, sondern das Reich der Finsternis ist seine Heimat. Und Lichtseelen werden stets das Verlangen haben, gegen solche Lehren vorzugehen, was in der Endzeit überaus häufig geschehen wird. Amen.

BD Nr. 4803 vom 24.12.1949, enthalten in Buch 54

Verkörperte Lichtwesen. Jünger Jesu zur Erdenzeit

Auch ihr gehört zu denen, die in der letzten Zeit als Meine rechten Jünger das Evangelium der Liebe künden sollen, die um Mich waren in der Zeit Meines Erdenwandels und denen Ich die Verheißung gab, zur Zeit Meines Wiederkommens Mir dienen zu dürfen.

Wenn ihr diese Worte vernehmt, so werdet ihr es erst verstehen, wie wichtig eure Mission ist, mit der Ich euch betreue. Denn Ich kann dazu nur solche Menschen brauchen, die in ihrer Dienstbereitschaft und Liebe zu Mir sich mit Eifer für ihre Arbeit einsetzen, und ein solcher Diensteifer würde nicht mehr zu finden sein bei den Menschen dieser Erde.

Ich musste also euch darum zur Erde senden, aber Ich konnte euch nicht die Rückerinnerung geben an euer einstiges Wirken. Ihr müsst den

Erdenweg genauso zurücklegen wie alle Menschen, bewusst eurer menschlichen Schwächen und ringend um starken Glauben.

Aber es kann Mein Geist durch euch wirken. Ihr seid fähig, die Wahrheit von oben zu empfangen und sie zu verstehen, und ihr könnt darum auch sie weitertragen in die Welt, wie es einstmals eure Aufgabe gewesen ist.

Ich gebe euch darum einen Hinweis auf eure Herkunft, weil ihr daraus ersehen sollt, dass ihr nur eine kurze Zeit das Amt verwaltet auf dieser Erde, was ihr auch im geistigen Reich verwaltet, und dass dieses Amt ein außerordentlich bedeutsames ist, denn was Ich damals begann, den Weg anzubahnen ins Vaterhaus, das sollt ihr nun noch einmal mit aller Eindringlichkeit den Mitmenschen vorhalten und auch ihnen den Weg zeigen, bevor das Ende kommt, bevor ein neuer Zeitabschnitt folgt in völlig neuer Ordnung.

Immer wart ihr bereit, in Meinem Auftrag den Menschen Kunde zu geben von Mir und Meinem

Erlösungswerk. In der letzten Zeit vor dem Ende aber ist es ganz besonders nötig, dass die Menschen Meiner gedenken, denn Ich allein bin ihre Rettung, Ich allein kann sie zurückreißen von dem Abgrund, dem sie in ihrer Blindheit entgegengehen. Aber sie müssen Mich anerkennen, sie müssen genau wie zur Zeit Meines Erdenwandels zu Mir rufen: "Herr, hilf Mir....", aber die Menschen wandeln ohne Kenntnis dahin, denn was sie auch von Mir und Meinem Erlösungswerk wissen, das ist für sie nur eine Legende.

Darum müsst ihr voller Überzeugung Mich verkünden in der Welt. Und weil ihr als selbst Mensch nicht anders beschaffen sein konntet, wenngleich ihr aus dem Lichtreich gekommen seid, müsst ihr zuvor durch Meinen Geist ein lebendiges Wissen über Mich und Mein Werk der Erlösung erhalten, um nun auch überzeugt für Mich eintreten zu können, und es lässt eure Seele das Wirken des Geistes in euch zu, ein Vorgang, den die Menschen der Jetztzeit selten nur aufweisen und darum auch schwer zum Glauben daran zu bewegen sind.

Es ist eure Aufgabe wichtig, und darum habe Ich euch wieder ausgebildet wie einst, d. h., euer Menschliches musste zuvor himmlische Weisheit entgegennehmen, um nun auch mitten unter Menschen wieder predigen zu können, wie ihr es einst getan habt. Meine Jüngerzahl damals war groß, und viele davon erboten sich zu diesem Erdengang in der letzten Zeit vor dem Ende, angesichts der großen geistigen Not, die eine Hilfe dringend erforderlich macht. Aber es musste sich auch eine jede Lichtseele auf Erden im freien Willen wieder den Liebegrad erwerben, der das "Wirken des Geistes" zulässt.

Es ist das Ringen des Menschen nicht weniger schwer als das eines jeden anderen Menschen, nur wird die Seele immer den Willen und die Bindung zu Mir haben und darum auch ein Leben in Liebe führen, das dann auch das Geisteswirken gewährleistet. Dann kann auch wieder Mein Wort zur

Erde geleitet werden, Ich kann Selbst wieder das Evangelium der Liebe predigen jedem, der Ohr und Herz nicht verschließt. Ihr seid Mir wieder zu Wegbereitern geworden, ihr tragt nur Mein Evangelium hinaus in die Welt, ihr redet nicht Eigenes, sondern ihr lasset Mich Selbst durch euch reden, wie es auch eure Mission gewesen ist nach Meiner Himmelfahrt, dass ihr Mir Selbst zum Aufnahmegefäß wurdet und Ich Selbst also im Geist bei euch sein konnte.

So werde Ich immer bei den Menschen sein bis an der Welt Ende, denn ohne Mich wird kein Mensch zur Seligkeit gelangen, ohne Mich ist der Weg ins Vaterhaus unauffindbar, ohne Mich wandelt die Menschheit in Schuld und Sünde, und ihr Weg geht hinab zur Tiefe.

Doch die Meinen sind eifrig beteiligt an der Erlösungsarbeit, die Meinen stellen sich Mir zur Verfügung, wo immer Ich sie brauche, und ihr alle, die ihr Mir dienen wollt, ihr gehört zu den Meinen, und ihr werdet auch erfolgreiche Arbeit auszuführen imstande sein, denn in Meinem Auftrag seid ihr immer nur tätig, und gibt euch der Herr ein Amt, so wird Er euch auch die Kraft geben, es zu verwalten. Er wird Selbst mit Seiner Kraft und Seinem Segen bei euch sein und, so eure Mission beendet ist, euch wieder holen zu Sich in Sein Reich. Amen.

BD Nr. 7080 vom 01.04.1958, enthalten in Buch 75

Gesetz der ewigen Ordnung. Verkörperte Lichtwesen

Es ist euch ein Gesetz gegeben, dass ihr euch in göttlicher Ordnung bewegen sollt während eures Erdenlebens. Erfüllt ihr dieses Gesetz, dann ist euch auch die ewige Seligkeit gewährleistet, dann beendet ihr das Erdenleben als göttlich-gestaltete Wesen, denn die göttliche Ordnung einzuhalten bedeutet nichts anderes, als das Wesen zur Liebe zu gestalten, die das Zeichen der Göttlichkeit ist, also Wesen schafft, die Gott gleich sind.

Dies war das Ziel Gottes bei der Erschaffung Seiner Wesen, die wohl in höchster Vollkommenheit aus Ihm hervorgingen, aber dennoch sich erst den höchsten Grad der Vollkommenheit erwerben mussten, die selbst sich zu Göttern heranbilden mussten, sollten sie das Ziel erreichen, das Gott allem von Ihm Erschaffenen gesetzt hatte. Denn es war eines dazu nötig, dass die Wesen ihren freien

Willen gebrauchen konnten, der nun auch ebenso gut das Gegenteil anstreben konnte, der sie zum Fall in die tiefsten Tiefen verleiten konnte, was dann auch geschehen ist bei einem großen Teil der geschaffenen Urgeister. Sie mussten völlige Freiheit haben, wohin sie ihren Willen richteten. Dass sie ihn verkehrt gerichtet haben, macht es dennoch nicht unmöglich, einmal das letzte Ziel, die Vergöttlichung des Wesens, zu erreichen. Dann aber ist ein höchster Grad der Vollkommenheit von dem Wesen selbst erreicht worden.

Die höchsten Engelswesen haben diesen Grad der Vollkommenheit noch nicht erreicht, wenngleich sie noch sind, wie sie aus der Hand ihres Schöpfers hervorgingen. Aber sie stehen immer noch in der Abhängigkeit vom Willen Gottes, den sie wohl frei erfüllen und dadurch ihre Vollkommenheit unter Beweis stellen, dennoch ist der Gang durch die Tiefe erforderlich, und es gehen darum solche Engelswesen auch einmal den Gang als Mensch über die Erde zwecks einer Mission, der aber überaus schwer und leidvoll ist (18.8.1959) und der auch selten nur verlaufen wird bis zum Ende wie der Erdengang anderer Menschen, sondern immer besondere Merkmale aufweist, wie ungewöhnliche Leiden oder Schicksalsschläge, die kaum tragbar scheinen für andere. Es ist aber ein solcher Gang über die Erde von größter Bedeutung für die Entwicklung des Wesens, denn der höchste Grad der Vollkommenheit kann dadurch erreicht werden, der eben einen Gang über diese Erde fordert.

Die Seelen des Lichtes haben zwar keinen weiten Schritt mehr zu gehen bis zu ihrer Vollendung, aber dennoch müssen sie den Gang gehen unbewusst ihrer Beschaffenheit, und da sie empfinden wie jeder andere Mensch, tragen sie oft unvorstellbar schwer an ihrem Lose, das sie jedoch vollbewusst auf sich nehmen, wenn ihnen der Erdengang vor der Verkörperung vor Augen gestellt wird. Denn sie wissen um das Ziel, die Gotteskindschaft zu erreichen, sie wissen um den höchsten Grad der Vollendung, den sie selbst im freien Willen anstreben und erreichen müssen, weil er ihnen nicht geschenkt werden kann.

Dass ein Wesen nun während des Erdenlebens versagt, das verhüten die Lichtwesen, die unausgesetzt wachen und die schlechten Kräfte abwehren, die sich an jenem Menschen versuchen wollen. Zudem ist das Verlangen nach Gott bei ihnen besonders stark, was zwar auch besonders starke Anfechtungen zur Folge hat, denn das wäre ihr größter Triumph, einen reinen Engelsgeist während des Erdenlebens zum Fall zu bringen. Die Kraft der Liebe aber ist in einem solchen Menschen gleichfalls besonders stark, und diese wird jeder solchen Versuchung widerstehen können, ohne ein Opfer der finsteren Welt zu werden. Denn auch er wird sich von Jesus Christus Kraft holen und allzeit Widerstand leisten können, weil die Bindung zwischen einem Lichtgeist und Jesus Christus auch dann nicht aufhört, wenn ersterer als Mensch verkörpert das Erdenkleid angelegt hat. Die Seele ist stark und hält die Bindung mit Ihm aufrecht, Der gleichfalls über die Erde gegangen ist, um das letzte Ziel, die Vergöttlichung, zu erreichen. Und diese Bindung bewahrt ihn vor der Tiefe, die ohne Jesus Christus und Seine Kraft wohl möglich wäre, weil die Versuchungen auch überstark sind, die der Fürst der Unterwelt einer solchen verkörperten Seele bereitet.

Doch alle seine Bemühungen sind umsonst, denn Jesus Christus lässt es nicht zu, dass ein Bruder aus dem Lichtreich ihm in die Hände fällt. Und zumeist wird der Erdengang mit dem höchsten Ziel, der Vereinigung mit Gott, enden, und nur in seltenen Fällen kann eine Verzögerung eintreten, aber doch nicht die Lichtfülle verringert werden, die eine solche Seele zu Anfang mit zur Erde bringt. Dann aber steht es der Seele jederzeit frei, den Erdengang noch einmal zu wiederholen, doch immer wird dies nur zum Zweck einer Mission geschehen, und immer wird ein Übermaß von Leid ihr Schicksal auf Erden sein. Amen.

BD Nr. 7391 vom 18.08.1959, enthalten in Buch 78

Wissen um Vorverkörperung

Ihr sollt euch nicht in Vermutungen verlieren, wessen Geist ihr verkörpert, die ihr in der letzten Zeit auf Erden wandelt, um Mir zu dienen. Es ist von Mir aus ein Schleier gebreitet über Dinge, die für euren Erdenwandel und für eure Mission nicht von Nutzen sind. Darum ist euch das Wissen vorenthalten, in welcher Verkörperung ihr einstens über die Erde gegangen seid. Es genüge euch, zu wissen, dass Ich alle mit großer Kraft und Gnade versehe, die bereit sind, Mir zu dienen, und dass in der Endzeit eben das Wirken des Gegners so gewaltig ist, dass auch starke Lichtgeister vonnöten sind, um seinem Wirken entgegenzutreten und standzuhalten, wo es gilt, Erlöserarbeit auf Erden zu verrichten.

Diese Lichtgeister müssen in tiefster Demut verbleiben, um ihre Mission ausführen zu können, weil der Gegner gerade im Hochmut, in Überheblichkeit, die beste Angriffsfläche findet und jene Mission also gefährdet werden könnte; und die Menschen sind alle in der Gefahr, diesem seinem Merkmal und Erbübel zu verfallen.

Darum wird von Meiner Seite aus nicht eine solche Möglichkeit gefördert, sondern Ich suche immer darauf einzuwirken, dass der Mensch in tiefster Demut bleibt, weil er dann auch Meinem Gegner widerstehen kann und nicht in seine Fangnetze gerät; und es ist dem Menschen nicht dienlich, um seine Vorverkörperung zu wissen, ansonsten ihm dieses Wissen gegeben würde mit dem Moment seiner Arbeit für Mich und Mein Reich.

(22. 5. 1960) Ihr werdet noch oft irregeführt werden von Meinem Gegner, der eure Blicke falsch lenken will, um euch von eurer eigenen

Missionsarbeit abzubringen, die ihr Mir als treue Knechte zu dienen bereit seid. Lasst euch nicht täuschen, ihr werdet es klarstens erkennen, wenn die Zeit wird gekommen sein, wo so ungewöhnliche Dinge geschehen, dass auch Ich ungewöhnlich eingreifen muss, um den Meinen zu Hilfe zu kommen. Denn auch sie werden erschüttert werden im Glauben durch das Vorgehen Meines Gegners, wenn sie sich nicht fest an Mich halten und alles Mir übergeben im Vertrauen auf Meine rechte Lenkung.

Ihr werdet dann auch Meinen Willen im Herzen fühlen, so dass ihr nicht mehr zu fragen braucht, was ihr nun tun sollt. Mein Wille wird in euch sein, ihr werdet nicht anders handeln können, als es Mein Wille ist, und auch wissen, dass ihr nur Meinen Willen durch euer Tun erfüllt. Immer wieder sage Ich euch: Greift nicht vor, wartet ab, bis Ich euch rufe, bis Ich euch Meinen Willen ins Herz lege, denn ihr könnt auch durch vorzeitiges Handeln zerstören, was zuvor mühselig aufgebaut wurde. Bedenkt immer, dass die Menschen alle noch zu schwach im Glauben sind, dass ihnen zuweilen leichtere Kost geboten werden muss, auf dass sie nicht Schaden nehmen an ihren Seelen.

Ihr sollt nur Mein Evangelium der Liebe predigen, nicht aber solche Lehren unterbreiten, die sie nicht zu fassen vermögen, und dazu gehört auch das Wissen um die Verkörperung von Lichtseelen, weil ihnen oft überhaupt der Glaube an ein Fortleben der Seele fehlt, doch nehmen sie Mein Evangelium der Liebe an, dann werden sie auch glauben und erkennen.

BD Nr. 7604 vom 22.05.1960, enthalten in Buch 80

Verkörperte Lichtwesen. Ohne Rückerinnerung. Vorläufer

Die Mir dienen wollen, denen sei folgendes gesagt: Der Geisteszustand der Menschen, die schon in der letzten Zeit leben, erfordert eine besondere Hilfe von Seiten der Lichtwesen, die in Meinem Auftrag tätig sind, im geistigen Reich sowohl als auch auf Erden, wo solche in großer Anzahl als Mensch verkörpert sind, um eine erlösende Mission zu erfüllen.

In welcher Weise die Lichtwesen wirken und ihnen Hilfe leisten, ist klar ersichtlich für die Menschen, die ihre Übermittlung von Geistesgut entgegennehmen, weil sie wissen, dass nur durch Zuwendung Meines Wortes aus der Höhe den Menschen Hilfe gebracht werden kann in ihrer geistigen Not. Bei der allgemeinen geistigen Verflachung wäre es völlig unmöglich, dass sich Mein Wort Eingang verschaffen könnte unter der

Menschheit, weil diese weder die Verbindung herstellen würde mit der geistigen Welt noch aus dieser Welt Kundgaben entgegennehmen wollte und könnte.

Darum muss die Lichtwelt vermittelnd wirken, es müssen Lichtwesen sich geeignete Gefäße auf Erden suchen, in die sie die Ausstrahlungen Meines Geistes einfließen lassen können, und so daran Mangel ist, steigen die Wesen des Lichtes selbst zur Erde, um als Mensch verkörpert ein Bindeglied zu sein zwischen den Menschen und der geistigen Welt, um Mittler zu sein zwischen Mir und den Menschen.

Es sind also in der letzten Zeit vor dem Ende, in der ihr Menschen schon lebt, in großer Anzahl Lichtwesen verkörpert, um euch zu helfen, die ihr verblendet seid und unwissend, die ihr verkehrt lebt und darum euch in großer Not befindet. Ihr selbst wisst nicht um den geistigen Tiefstand und seine Folgen, und so euch das Wissen darüber zugeführt wird, glaubt ihr nicht daran. Doch die

Welt, da es licht ist, birgt Bewohner, die voll Entsetzen auf das Treiben in dem Dunkel der Erde blicken, und sie wollen euch zu Hilfe eilen, um noch zu retten, die keinen Widerstand leisten und sich ihrer Führung hingeben. Es sind aber dennoch Menschen, die euch also helfen und belehren wollen, darum erkennt ihr sie nicht, wie auch sie selbst sich nicht erkennen als Wesen von oben, wenngleich sie als Mensch ernsthaft nach oben streben. Es sind Menschen gleich euch und doch Mir zugewandten Willens, denen Mein Gegner nichts mehr anhaben kann, weil sie schon Mein geworden sind, bevor sie zur Erde kamen um der Not-leidenden Menschheit willen. Sie wollen euch das Licht bringen, das sie von Mir ständig empfangen und das gleichzeitig Kraft ist zur Höhe.

Doch auch dessen sind sie sich nicht bewusst, dass sie freiwillig zur Erde gekommen sind, denn ihr Ringen nach oben muss den Mitmenschen deutlich ersichtlich sein, um diese zum gleichen zu veranlassen. Ein Lichtwesen, das erkennbar wäre als solches, kann den Menschen nicht als Vorbild dienen, weil die mit allen Schwächen und Fehlern behafteten Menschen sich dann nicht fähig fühlen würden, jemals dieses Vorbild zu erreichen.

Nur ganz besonders hohe Geistwesen wissen um ihre Mission und ihre Herkunft und lassen auch die Menschen darum wissen, wenngleich sie keinen Glauben finden bei ihnen. Solche hohen Lichtwesen sind aber auch erkenntlich jedem, der erkennen will, denn ihre Mission ist dann stets, öffentlich zu wirken und nicht im verborgenen, weil dann nicht nur einzelne Menschen, sondern alle Menschen Kenntnis nehmen sollen von übernatürlichem Wirken, von der Kraft und Macht und Herrlichkeit Dessen, Der Herr ist über Leben und Tod und über die gesamte Schöpfung, Der Seine Geschöpfe nicht versinken lassen will in die Finsternis und darum ein überaus hell strahlendes Licht aus der Höhe sendet, und ein solches Licht wird zeugen von Mir und von sich reden machen, und so es erstrahlt, wisst ihr, dass ihr kurz vor dem Ende steht, dass nur noch eine kurze Gnadenfrist den Menschen gegeben ist, denn wenn jener nicht gehört wird und sein Mahnruf erfolglos bleibt, dann gibt es keine Rettung mehr für die entgeistete Welt, dann ist das Ende unwiderruflich gekommen, wie es verkündet ist in Wort und Schrift. Amen.

BD Nr. 4970 vom 20.09.1950, enthalten in Buch 56

Ich leite das Evangelium zur Erde, und so ihr es empfangt von oben, ist es rein und unverfälscht durch menschlichen Willen. Ich weiß, dass es notwendig ist, da unzählige Menschen Mich nicht finden können, weil sie nicht mehr in der Wahrheit unterrichtet sind.

Darum verkörpere Ich Mich Selbst im Geiste derer, die Mir dienen wollen. Dass diesen nun die Wahrheit in reinster Form zugeht, ist eine von Meiner Liebe und Weisheit längst erkannte

Notwendigkeit, die allein schon Mich veranlassen wird, den Empfänger der Wahrheit von oben zu schützen gegen den Einfluss unreiner Geister, die sein Denken verwirren und das Zuführen der Wahrheit unterbinden möchten.

Wer also Empfänger ist Meines Evangeliums, das Ich Selbst auf Erden lehrte und das zu verbreiten Ich nun wieder Meine Diener auf Erden beauftrage, der kann in vollster Gewissheit sein, dass er in der Wahrheit steht, dass er als Mein Apostel der Endzeit die Mitmenschen belehren kann, ohne fürchten zu müssen, dass sich (großer) Irrtum seinen Belehrungen beimischen könnte; und in dieser Gewissheit soll er einwirken auf alle, die ihm in den Weg treten, er soll sich als Sprecher fühlen für Mich und in Meinem Auftrag stets das vertreten, was er von Mir Selbst empfangen hat und sich als Empfindung in ihm äußert, weil dies die reine Wahrheit ist.

Viele Lichtwesen sind zur Zeit verkörpert auf Erden, weil die große geistige Not außergewöhnliche Hilfe erfordert, die nur von Wesen des Lichtes geleistet werden kann. Solche Lichtseelen sind zumeist geistige Führer, d.h., sie stehen durch einen Lebenswandel nach Meinem Willen in naher Verbindung mit Mir und können also Meine Unterweisungen direkt entgegennehmen und den Menschen vermitteln. Es stehen solche Lichtwesen in einem Reifegrad, der ein Absinken zur Tiefe unmöglich macht, weshalb sie aber auch stets in größter Demut und Selbstlosigkeit durch das Erdenleben gehen und nur Mein Reich den Menschen zu bringen trachten, ohne selbst einen anderen Nutzen ziehen zu wollen, als Mir zu dienen und den Menschen zu helfen.

Darum kann ein solches von Mir zur Erde gesandtes Lichtwesen sich auch mehrmals verkörpern, wenn es der geistige Tiefstand der Menschen nötig macht. Immer aber sind diese Verkörperungen dann restloses Dienen bis zum Ende, denn Mein Wille ist in diesen Wesen vorherrschend, weil sie sich freiwillig Mir schon unterstellt haben und diesen Reifegrad auf Erden auch nicht mehr einbüßen können. Niemals werden niedrige Geister über ein solches als Mensch verkörpertes Wesen Macht haben, und niemals wird dieses ihrem schlechten Einfluss unterliegen.

Es kann also niemals ein schon vollendeter Geist auf Erden fallen, d.h. seine Mission nicht erfüllen. Es kann nur eine solche Mission vor den Augen der Menschen als abgebrochen erscheinen durch plötzlichen Abruf ins geistige Reich oder menschlich feindliche Maßnahmen, die das irdische Leben vorzeitig beenden. Doch auch darum weiß Ich seit Ewigkeit und greife nicht mit Meiner Macht ein, um den Willen der Menschen nicht unfrei zu machen.

Das Erlösungswerk wird aber dennoch zu Ende geführt, und es wird alles so kommen, wie es in Meinem ewigen Heilsplan bestimmt ist. Es werden auch die vollkommensten Geister aus den Himmeln sich zeitweilig verkörpern, um einen geistigen Aufstieg unter den Menschen zu erzielen, weil ohne solche Hilfe letztere zu schwach sind zum Widerstand. Dann werden auferstehen auch die Toten aus ihren Gräbern, d.h., die im Geist völlig Blinden können durch einen hell-leuchtenden Blitzstrahl von oben erweckt und sehend werden.

(19.5.1950) Doch dann wird die Zeit sein vor dem Ende, wo auch Mein Wiederkommen zu erwarten ist, das angekündigt wurde durch Seher und Propheten stets und ständig. Und vor Mir wird das größte Licht auf Erden leuchten im schlichtesten Gewand. Es wird noch einmal künden von Mir, wie er es getan hat vor Meinem Auftreten im Fleisch auf dieser Erde, vor Meinem Lehrgang zu den Menschen, denen Ich das Evangelium bringen wollte.

Er war Mein Vorläufer und wird es auch nun wieder sein, und ihr Menschen werdet ihn an seinen Reden erkennen, wählt er doch die gleichen Worte und zeugt von Mir, wie er es einstmals getan hat. Sein Geist kommt nur zur Erde, um das

Gesetz zu erfüllen, demnach er Mir vorangehen muss in vollster Erkenntnis seiner Herkunft und seiner Aufgabe. Er durchschaut alles und weiß auch um sein irdisches Los, dem er sich aber nicht entzieht, weil auch das zum Erlösungswerk gehört, an dem er sich beteiligt aus Liebe zu dem Unerlösten. Er weiß es, dass mit seinem Tode erst die Mission erfüllt ist, und er hat kein anderes Verlangen mehr als die endgültige Vereinigung mit Mir, seinem Herrn und Meister, seinem Freund und Bruder, seinem Vater von Ewigkeit.

So er in Erscheinung tritt, ist das Ende nahe, denn Ich folge ihm bald und mache Meine Ankündigungen wahr. Mein Wiederkommen aber ist der letzte Akt vor der gänzlichen Zerstörung der Erde mit allem, was lebt. Dann erfüllt sich, wie es geschrieben steht. Es wird ein neuer Himmel und eine neue Erde erstehen, wo Ich mitten unter den Meinen bin, wo nur ein Hirte und eine Herde sein wird, weil alle, die leben, mit Mir verbunden sind und Mein Verweilen unter sich zulassen, weil alle

Menschen auf der neuen Erde Meine Kinder sind, zu denen Ich Selbst als Vater komme, um ihnen zu geben, was sie selig macht. Amen.

BD Nr. 4899 vom 19.05.1950, enthalten in Buch 55

Wiedereinzeugung und Rückerinnerung – Kurze Textauszüge aus der Neuoffenbarung

Jesus: „Sollte eine Seele im Jenseits wegen zu großer Verstocktheit völlig vom Gegenpol verschlungen werden, so wird sie nach langen Zeiten es sich gefallen lassen müssen, entweder auf dieser Erde oder auf einer andern Welt, deren es ja zahllos viele gibt, eine abermalige Fleischlebensprobe durchzumachen, ohne zu wissen oder auch nur zu ahnen, dass sie schon eine solche durchgemacht hat."

[Ev. BD. 5, Kap. 232, 2]

Jesus: „Ist die Besserung einer verdorbenen Seele im jenseitigen Mittelreich bis zu einem gewissen Grade er folgt, über den es mangels höherer Befähigung nicht hinausgeht, so kann solch eine Seele in eine bloß geschöpfliche Beseligung in der geistigen Sphäre irgendeines anderen Weltkörpers übergehen oder aber auch, wenn sie es will, noch einmal ins Fleisch dieser Erde treten, auf welchem Wege sie höhere Befähigungen erwerben und mit deren Hilfe sogar die Gotteskindschaft erreichen kann."

[Ev. BD 6, Kap. 61, 4]

Jesus: Wiedereinzeugung eines früheren stolzen hinterasiatischen Königs als Sohn einer armen Mutter, seine Demutsschule als ehrlicher, tüchtiger Tagelöhner und volle Umkehr zu Gott nach vollbrachtem arbeitsamem Erdenleben.

[Ev. BD 5, Kap. 232, 8-21]

Auf die Frage des Petrus: ‚Was wird mit jenen Menschen geschehen, die vor dieser Deiner Herniederkunft gelebt haben? — Können auch sie noch zu einer wahren Lebensvollendung gelangen, und wie?' erwidert Jesus: „Ich habe nun die Tore zum Leben nicht nur für die auf der Erde Lebenden geöffnet, sondern auch für alle, die schon lange hinübergegangen sind. Und viele der alten Sünder werden noch eine neue, kurze Fleischlebensprobe durchzumachen bekommen."

[Ev. BD 6, Kap. 65, 1-2]

Ein Engel zeigt dem Römer Agrikola durch das dritte geistige Gesicht eine herrliche Sonnenwelt und sagt: „Auf dieser Lichtwelt hast du der Seele nach viertausend Erdenjahre hindurch in einem Leibe gelebt. Dort siehst du deine frühere Behausung, und die Menschen, die da ein- und ausgehen, waren dem Leibe nach deine nächsten Anverwandten. — Als du von einem Weisen belehrt wurdest, dass es eine Welt gibt, auf der die Menschen Großkinder des allmächtigen Gottes werden können, wenn sie sich dazu entschließen, auf jener Gotteserde nochmals im Leibe eine Liebe-lebens-freiheitsprobe durchzumachen, doch ohne Rückerinnerung an diese schöne Welt, da warst du damit einverstanden, wurdest sogleich verwandelt, und deine freigewordene Seele wurde in einen Mutterleib eingezeugt, und zwar in der prachtvollsten Stadt dieser Gotteserde.“

[Ev. BD 6, Kap. 192, 10-11]

Jesus: „Mancher Menschen Seelen sind vormalige Engel der Himmel gewesen; bei ihnen kann nichts so leicht verdorben werden. Johannes der Täufer, Moses, Elias, Jesajas und andere Propheten können als Beispiele dienen, und es gibt noch jetzt mehrere Engel auf dieser Erde, die mit Mir den schweren Weg des Fleisches durchmachen. Solche Menschen sind einer gar starken Fleischlebensprobe fähig und ertragen sie mit der größten Aufopferung.“

[Ev. BD 4, Kap. 34, 9]

Ein Zentralsonnen-Bewohner liest aus einer Flammenschrift am Altar: „Du wirst auf jener Welt, da die Kinder Gottes gezeugt werden, mit voller Blindheit geschlagen sein, und nichts wird dir von alledem, was du nun hier erfährst, zur Hilfe deines ferneren Verhaltens im Bewusstsein bleiben; denn du wirst da genötigt sein, ein ganz neues, mühevolles und beschwerliches Leben zu beginnen. Nichts wird dir somit bleiben, nur allein als deine größte Gefahr die Begierde des Lebens in dieser (Sonnen-) Welt."

[GS. BD 2, Kap. 16, 17]

Ein Zentralsonnenbewohner vor seinem Übertritt auf die Erde zur Erwerbung der Gotteskindschaft: „Herr, Du Allmächtiger in Deiner Liebe, Gnade und Erbarmung! Aus Liebe nur will ich zu Dir! Daher verlass mich nicht in der Zeit meiner Schwäche und sei Du allein alle meine Kraft und Stärke! In welcher Gestalt immer ich in der neuen Welt auftreten werde, sei Deine Liebe mir das alleinige, ewige, mächtige Vorbild meines Lebens, nach welchem ich trachten will aus all meiner mir von Dir verliehenen eigenen Lebenskraft! Diesen

Grund (der demütigen Liebe) lass allzeit auftauchen in mir, auf dass ich stets kräftiger werde in der Liebe zu Dir! — Und so denn übergebe ich mich, o Herr, Deiner unendlichen Liebe, Erbarmung und Gnade!“

[GS. BD 2 Kap. 17, 20]

Der Herr: „Es leben Menschen auf dieser Erde bereits das siebente Mal, und es geht ihnen nun besser. Sie werden aber noch einige Weltkörper mit einem leichten leiblichen Überwurf durchzumachen haben, bis sie in eine reingeistige Sphäre des unteren Paradieses aufgenommen werden, aus der es noch viele Stufen gibt bis in das innere, wahre Himmelreich, in welchem die Liebe des Vaters, das Licht des Sohnes und die Kraft des Heiligen Geistes walten und jeden Geist durch und durch beleben.“

[Hi. BD 2, S. 446, 8]

Jesus: „Es ist irrig zu glauben, dass die Menschenseelen wieder in das Tierreich zurückkehren. Wohl sammeln sich nach und nach in der gefesteten Ordnung Gottes die Seelenfunken aus dem Mineral-, Pflanzen- und Tierreich und bilden sich dann zur Menschenseele empor, aber rückwärts ins Tierreich wandert keine noch so unvollendete Menschenseele außer im jenseitigen Mittelreich der (flüchtigen) Erscheinlichkeit nach zu ihrer Demütigung und Besserung."

[Ev. BD 6, Kap. 61, 3-4]

Johannes der Täufer, in welchem der Geist des Propheten Elias wohnte, war ebenderselbe Engelsgeist (Michael), der im Urbeginne den abtrünnigen Erzengel Luzifer besiegte und später auf dem bekannten Berge mit diesem um den Leichnam des großen Propheten Moses vergeblich rang.

[Ev. BD 1, Kap. 2, 1-4]

Der Seher Philopold berichtet von seinem

früheren Leben auf einer fernen, großen Lichtwelt, in welche er auf Jesu Geheiß mit geöffnetem geistigem Auge zurückblicken darf.

Ev. BD 3, Kap. 222, 5-9

Jesus auf dem Berge Tabor zu dem Geist Elias (Johannes der Täufer): „Du warst ja in jüngster Zeit auch mit Mir auf der Erde! Hat dir des Herodes Werk an deinem Fleische wohlgetan?“ — Darauf Elias-Johannes: „Auf Erden nicht aber umso wohler hier! Dennoch möchte ich trotz der größten Seligkeit, die nun für ewig mein Teil ist, Dir zuliebe noch oft den Fleischesweg durchwandeln, so elend und dornig er auch ist!“ Jesus: „Am Ende der Zeiten dieser Erde wirst du noch einmal im Fleische zu den Menschen der Erde gesandt werden, aber nicht mehr mit verdeckter Geistessehe, sondern noch heller als einst unter den Namen Sehel und Elias.“

Ev. BD 5, Kap. 235, 6-9

Jesus: „Johannes der Täufer war dreimal im Fleische auf dieser Erde; die ersten zwei Male als Sehel und später als Elias ist er nicht gestorben, sondern mit dem verklärten Leibe in die Himmel aufgefahren, obwohl er ebenso wie das letzte Mal (als Johannes der Täufer) aus einem Weibe zur Welt geboren worden war.“

[Ev. BD 5, Kap. 237, 8]

Der vom Herrn berufene Geist des Moses bezeugt, dass er in Zacharias war, und klagt die Tempeljuden des Mordes an Zacharias an.

[Ev. BD 6, Kap. 8, 7]

Jesus zu dem in Nahim vom Tode erweckten Jüngling, der glaubt, nach dem Sterben nichts erlebt zu haben: „Dass du nun keine Rückerinnerung daran hast, was deiner Seele in ihrer Abwesenheit vom Leibe begegnet ist, das habe Ich ganz weise angeordnet; denn wäre deiner Seele die Rückerinnerung geblieben an das, wie sie im Paradiese sich wohl und selig unter vielen Engeln befand, so würdest du dich, als nun wieder mit dem Leib vereint, nicht so heiter wie jetzt befinden. Ich könnte dir die volle Rückerinnerung gleich wieder verschaffen, wenn Ich das wollte, d Ich würde dir damit nichts Gutes erweisen, weil- du dadurch für diese Welt, in der du noch vieles zu wirken bekommst, auf langehin völlig untüchtig würdest.“

[Ev. BD 9, Kap. 36, 11]

Der Erzengel Raphael beantwortet die Frage eines griechischen Wahrheitssuchers nach dessen früheren Daseinszuständen: „Würdest du dir aller Vorzustände bis zu deinem gegenwärtigen Leben klar bewusst werden, so würdest du dadurch in deinem Denken, Urteilen und Wollen derart zerteilt und zerrissen werden, dass es dir unmöglich wäre, die sittliche Einheit, Kraft und Stärke aus dem Geiste der Liebe Gottes in deiner Seele aufzunehmen, dass sie eins würde mit ihm. Wird die Seele aber eins mit ihm, dann wird sie in der Beschauung ihrer selbst schon in jene klare Rückerinnerung gelangen, aus der sie die endlose Liebe und Weisheit des einen großen Baumeisters im seligsten Dankgefühl erkennen und ewig bewundern wird; dann wird ihr eine solche von dir schon jetzt verlangte Rückbeschauung zum ewigen Lebensnutzen dienlich sein, während sie dir jetzt gar gewaltig schaden würde! Werde daher nach dem Willen des Herrn eins mit dem göttlichen Geiste in dir, werde ein vollkommener Baumeister deiner selbst, dann wird es dir auch zu einem hellen Bewusstsein werden, warum der weise und wohlkundige Erbauer einer großen, festen Burg sein früher unzusammenhängendes Baumaterial so sinnvoll geordnet und zu einem großen, ewig dauernden Ganzen zusammengefügt hat."

[Ev. BD 9, Kap. 178, 2, 3, 9]

Jesus belehrt einen lichtsuchenden römischen Hauptmann: „Wenn ein Mensch in diese Welt geboren wird und zu seiner vollen Freiwerdung einen Leib zu tragen bekommt, da ist das höchst weise von Gott so eingerichtet, dass er als eine vollständige Seele sich aller notwendigen Vorzustände in ihren übergänglichen, aber immer noch gesonderten Beständen ebenso wenig erinnert, wie dein Auge die Einzeltropfen des Meeres, aus denen es besteht, unterscheiden kann. Denn wäre einer Menschenseele das gegeben, so würde sie diese Einung aus so zahllos verschiedenen Seelensubstanz und Intelligenzteilen nicht ertragen, sondern sich schnellstens aufzulösen trachten, gleichwie sich ein Wassertropfen auf glühendem Eisen auflöst. Um die Seele des Menschen zu erhalten, muss ihr daher jede Rückerinnerung genommen werden bis zur Zeit ihrer vollen inneren Einung mit ihrem Geiste der Liebe aus Gott; denn dieser Geist ist das Verbindende, durch das alle die endlos verschiedenen Seelenintelligenzteile zu einem ewig unzerstörbaren Ganzwesen gefestet werden, sich in aller Klarheit durchleuchten, erkennen, begreifen und als ein vollendetes gottähnliches Wesen Gottes Liebe, Weisheit und Macht loben und preisen."

[Ev. BD 10, Kap. 21, 5-6]

Kapitel 2:
Die Neuoffenbarung Gottes

Einleitung: „Noch vieles hätte Ich euch zu sagen..." (Joh.16,12-14)

Von Prof. Franz Deml

Für die Christenheit, ja für die Menschheit als Ganzes, kann es kein größeres Ereignis geben, als dass die Verheißungen des Herrn im Johannes-Evangelium sich wahrmachen:

> "Noch vieles hätte ich euch zu sagen, doch ihr könnt es jetzt noch nicht ertragen (fassen). Wenn aber jener, der Geist der Wahrheit, kommt, wird er euch in alle Wahrheit einführen. Er wird nicht aus sich selber sprechen; er wird vielmehr reden,

was er hört, und wird euch verkünden, was künftig ist.” (Joh. 16, 12-14)

Der Inhalt dieser Worte lässt keinen Zweifel daran, dass es sich hier um künftige Prophetien handelt. Tatsächlich hat es auch in der christlichen Ära, nicht nur im Alten Bund, eine fortlaufende Prophetie gegeben, die leider bei den institutionellen Kirchen zu wenig Beachtung fand. Mit der willkürlich gesetzten und unbegreiflichen These, dass spätestens mit dem Tode der Apostel alle Offenbarung endgültig abgeschlossen sei, gewährte man der Stimme des Heiligen Geistes nur wenig Spielraum mehr.

Nun hat aber schon der zu seiner Zeit hoch gerühmte Zisterzienserabt Joachim von Fion (gest. ca. 1205), der selbst ein großer Prophet war, in seiner Dreizeitenlehre darauf hingewiesen, dass nach der Offenbarung des Johannes, zu Beginn des sogenannten Geistzeitalters (d.h. kurz vor dem Endgericht), den Menschen ein “Ewiges Evangelium” verkündet werden wird. Der betreffende

Text bei Johannes lautet:

> “Und ich sah einen anderen Engel fliegen durch die Himmelsmitte, der hatte ein Ewiges Evangelium zu verkünden über die Erdbewohner und über alle Nationen und Stämme und Sprachen und Völker…” (Joh. Offb. 14,6)

Wir müssen uns nun fragen: Hat es vielleicht eine solche Verkündigung nicht schon längst gegeben oder müssen wir noch darauf warten? Wir können es jedenfalls als ein heilsgeschichtliches Omen betrachten, dass auffallenderweise sogleich mit dem Beginn der Neuzeit die Prophetengabe in einem Ausmaß wuchs, dass niemand mehr, auch die Kirche nicht, daran vorbei kann.

Schon mit J. Böhme und E. Swedenborg waren Höhepunkte erreicht, die schließlich noch durch den größten aller christlichen Propheten, durch Jakob Lorber (1800 - 1864), weit übertroffen wurden. Durch ihn hat zweifellos der verheißene Heilige Geist sein ganzes Füllhorn ausgegossen. Besonders ist es das zehnbändige “Große Evangelium Johannes”, das anhand von detaillierten Schilderungen aller Vorgänge im Leben Jesu während seiner drei Lehr- und Wanderjahre “in alle Wahrheit einführt”. Erst recht aber wird in dieser Prophetie die folgende Verheißung Jesu wahr:

> „Der Beistand aber, der Heilige Geist, den der Vater in meinem Namen senden wird, der wird euch alles lehren und euch an alles erinnern, was ich euch gesagt habe.“ (Joh. 14,26)

Wie sehr treffen gerade diese Worte auf das “Große Evangelium Johannes” zu! Aber auch die großen Jenseitswerke Lorbers sind eine unerschöpfliche Quelle tiefster Erkenntnisse.

Diese sogenannte Neuoffenbarung - die nirgends in Widerspruch steht zur Altoffenbarung, das heißt zu den überkommenen vier Evangelien, sondern ihren Inhalt erst voll zur Entfaltung bringt, - ist ein “Licht aus den Himmeln”, das in allen Dingen Klarheit schafft und keine Fragen offen lässt. Ja, sogar die alte Unstimmigkeit zwischen Wissenschaft und Glauben wird dadurch vollständig behoben, da sie auch die naturgeistigen Vorgänge im Schöpfungsbereich, in Makrokosmos und Mikrokosmos, bis ins letzte durchleuchtet. Das physische Universum in seiner Gesamtheit ist in dieser Prophetie ebenso enthalten wie der astrale und geistige Kosmos, Diesseits und Jenseits. Wir erhalten Auskunft über die Entstehung der Welten wie über den Verlauf der Heilsgeschichte, über das Wesen Gottes und der Engel, und erst recht über den Menschen und seine ewige Bestimmung. Dass Christus als der geoffenbarte Vater und Erlöser der Welten bei alledem im Mittelpunkt steht, ist selbstverständlich. -

Es ist eines der vielen Wunder, die in der Heilsgeschichte schon so oft für Überraschungen gesorgt haben, dass dieser Prozess der "Wiederkunft Christi im Wort" in aller Stille vor sich ging. In größter Verborgenheit geschah es, dass der "Schreibknecht Gottes" Jakob Lorber vor bereits über hundert Jahren den Grund legen durfte für eine neue Ära der Menschheitsgeschichte. Es war Gottes Kalkül, in einer relativen Zeit der Verborgenheit alles vorzubereiten, dass das Licht plötzlich hervorbrechen konnte. Allein schon die Naturwissenschaften bestätigen heute das Weltbild der Neuoffenbarung in einer Weise, die niemand für möglich gehalten hätte.

Wie immer bei prophetischen Kundgaben bediente sich der Herr auch bei Jakob Lorber der höchst eigenen Sprache des Mediums. Es darf uns daher nicht wundernehmen, wenn altertümelnde Ausdrucksweisen in Stil und Mentalität der damaligen Zeit vorherrschend sind. Dass es in der Hauptsache eine Herzenssprache ist, mit vielen volkstümlichen Beimengungen, erleichtert das Lesen. Wahrheitsgehalt und Weisheitstiefe der göttlichen Einsprache aber werden in keiner Weise beeinträchtigt.

Das Neuoffenbarungs-Schrifttum, z.B. durch Jakob Lorber mit seinen 25 zum Teil sehr umfangreichen Bänden, hat bereits eine Auflage von über einer Million Exemplaren erreicht. Und hatte man es früher in kirchlichen Kreisen kaum beachtet oder direkt abgelehnt, so setzen sich heute in der großen Glaubenskrise und Seelennot unserer Zeit immer mehr Geistliche ernsthaft damit auseinander; ja, manche von ihnen sind aufs äußerste beeindruckt.

So schreibt zum Beispiel der evangelische Theologe D. Dr. Kurt Hutten: "Dieses Weltbild hat Tiefe und Kraft, umfasst alle Ebenen des menschlichen Seins und der Geschichte, enthält großartige Vorstellungen wie die des großen Schöpfungsmenschen und hat in erstaunlicher Weise moderne Forschungsergebnisse vorweg genommen, so z. B. die in der Atomphysik erfolgte Auflösung der Materie in Energie und Bewegung. In einer Zeit, in der sich die Dimensionen des Universums durch die Astronomie ins Unermessliche geweitet haben, unsere Erde als ein winziges, belangloses Stäubchen erkannt worden ist, das im Reigen der Sonnen und Milchstraßen verloren umhertreibt, und der Mensch sich in einer frierenden Einsamkeit und Verlorenheit vorfindet, kann das Weltbild Lorbers eine große Hilfe sein. Es gibt der Erde samt ihrer Geschichte und Heilsgeschichte ihre Würde wieder, verleiht dem Glauben eine kosmische Weite, verwebt Diesseits und Jenseits, Mikrokosmos und Makrokosmos ineinander, preist die alle Schöpfung durchwaltende Liebe Gottes und weist mit alledem den Menschen einen Weg zur Geborgenheit."

Der katholische Theologe Robert Ernst: "...25 Bände hat Jakob Lorber in 24 Jahren geschrieben. Ein Monumentalwerk, das über das Fassungs- und Schaffensvermögen des genialsten Philosophen, Theologen und Schriftstellers hinausgeht."

Der evangelische Theologe Helmut von Schweinitz: "Das Phänomen Lorber mit der Deutung der Tiefenpsychologie abzutun, ist keine überzeugende Erklärung, denn was in seinen Schriften an die Oberfläche des Bewusstseins tritt, sind Erkenntnisse, die aus der Sphäre seines beschränkten menschlichen Wissens nicht stammen können. Zu ihrer Aneignung würde ein Menschenleben nicht ausreichen und alle schöpferische Phantasie nicht genügen. Genauso wenig kann das Lebenswerk Lorbers durch philosophische oder theologische Spekulation erklärt werden. Es bleibt bei ihm wie bei allen prophetischen Phänomenen ein unerklärbarer Rest.

Bei der Untersuchung der Frage, wie Neuoffenbarung und Altoffenbarung zusammen-stimmen, stellt der evangelische Pfarrer Hermann Luger fest: "Beide stehen auf demselben göttlichen Grund. Lorbers Schriften atmen durchaus biblischen Geist. Nicht nur der Inhalt seiner beiden Hauptwerke "Das große Evangelium Johannes" und "Die Haushaltung Gottes" ist ein biblischer, auch seine anderen Werke sind kernbiblisch. Viele Aussprüche und Reden des Herrn im Großen Evangelium Johannes könnten geradeso gut in einem der vier biblischen Evangelien stehen. Dass sich bei Lorber vieles findet, was in der Bibel, besonders in den vier Evangelien, vollständig fehlt - wie zum Beispiel die Reden des Herrn über die Himmelskörper und die Geheimnisse der Schöpfung -, braucht uns nicht wunderzunehmen und beweist nichts gegen den biblischen Charakter der Neuoffenbarung. Es ist nur verständlich, dass Jesus in den drei Jahren seiner öffentlichen Tätigkeit viel mehr geredet und getan haben muss, als in den Evangelien der Schrift erzählt wird; und wir glauben daher ein Recht zu haben, in der Neuoffenbarung geradeso gut Gottes Wort zu sehen wie in der Bibel. Bibel und Neuoffenbarung sind für uns zwei gleichberechtigte Erscheinungen, die ein und demselben Urgrund entspringen und von denen die eine durch die andere erst recht an Wert und Bedeutung gewinnt."

Vorwort aus dem „Großen Evangelium Johannes“ von Prof. Franz Deml

Die 10 Hauptpunkte der Neuoffenbarung Gottes an die heutige Menschheit

Die Wiederkunft Christi im Wort, in den sinnbildlichen "Wolken des Himmels" (Dan.7:13, Mt.26,64), was bedeutet: das Licht der Wahrheit in erkennbarer und verständlicher Art offenbart.

JESUS erklärt uns in über 10.000 Kapiteln:

1. Den Weltgrund:

Es gibt keinen Stoff im Sinne des Materialismus. Alles ist Energie, nämlich Gottes- oder Geisteskraft, zergliedert in allerkleinste Urgrundteilchen (Urlebensfunken). Auch das bisher als kleinste Einheit betrachtete Stoffatom ist ein aus zahllosen Grundteilchen bestehendes lebendiges Universum in kleinstem Maßstab.

(Man vergleiche dazu die neuesten Erkenntnisse der Kernphysik!) Aus den Urgrundteilchen (heute Elektronen oder Quanten genannt) - die nichts anderes als selbständig gemachte Gedankenkräfte Gottes sind - ist das ganze Weltall in planmäßiger Entwicklung aufgebaut.

2. Das Wesen Gottes:

Gott ist ewiger, unendlicher Geist, die Urkraft und der Urgrund alles Seins. Seine höchsten Attribute sind Liebe, Weisheit und Willensmacht. Sein Heiliger Geist erfüllt das ganze All (die "Weltseele" der antiken Religionen). Allein, dieser unendliche Allgeist hat als innerstes ein Machtzentrum, von dem wie aus einer Sonne Gedanken und Willenskräfte in die Schöpfung hinausströmen, um nach einem großen Lebensvollendungskreis wieder zurückzukehren.

In diesem Urmachtzentrum ist Gott wesenhaft gestaltet, und zwar in der höchsten aller Lebensformen: als vollkommener Geistes-Urmensch. ("Gott schuf den Menschen nach seinem Bilde"!) Von diesem Urmachtzentrum aus ist der Gottesgeist ewig schöpferisch tätig.

Die ganze Schöpfung ist ein gewaltiger Entwicklungs- und Vervollkommnungsvorgang der göttlichen Gedanken und Ideen. Er vollzieht sich in ungeheuren, durch Ruhezeiten geschiedenen Perioden ("Schöpfungstagen", "von Ewigkeit zu Ewigkeit")

3. Die geistige Urschöpfung:

Der uns sichtbaren stofflichen Schöpfung gingen geistige Urschöpfungen voraus. In diesen hat Gott aus den gleichsam aus sich hinaus gestellten Urlebensfunken große Geistwesen nach seinem Urbild geschaffen (Urerzengel), die befähigt waren, weitere Geistwesen ihresgleichen aus sich ins Dasein zu rufen. So entstanden Legionen von großen Geistwesen (Engeln), die sich durch das Ordnungsgebot der Gottes- und Bruderliebe zur gottähnlichen Lebensvollendung erziehen lassen sollten. Ein Teil dieser Urwesen unter dem Hauptgeiste Satana (Luzifer) verfiel aber kraft seines freien Willens in grenzenlose Eigenliebe und Selbstherrlichkeit.

Da jedoch nach ewiger Ordnung den Gottabtrünnigen die nährenden Lebensströme aus Gott versiegen mussten, so erstarrten sie gleichsam und verdichteten sich zu hilflosen Massen. So entstanden im Schöpfungsraum durch Verdichtung geistig-ätherischer Urwesenheiten (Materialisation) die Urnebel der Materie oder des Weltstoffes.

4. Die Stofflich Materielle Schöpfung:

Sollten die gefallenen Urwesen ewig im Banne ihres Gerichtes verbleiben oder doch noch zur Vollendung in Gottes heiliger Lebensordnung zurückgeführt werden? Die göttliche Liebe erkannte sich der gefallenen Geisterwelt: Mit

Hilfe der treu gebliebenen Engelsgeister entwickelte der Schöpfer aus den Urnebeln des Weltenstoffs durch Gliederung und Neubelebung den - in seiner Gesamtheit den "verlorenen Sohn" darstellenden - Bau des materiellen Universums. (Kant-Laplace'sche Weltentstehungslehre geistig begründet!) Damit leitete Gott auf all den zahllosen Weltsystemen und Weltkörpern eine Erlösung (Lösung) der in der Materie gebundenen Urwesen ein.

5. Den Zweck des Naturlebens:

Auf allen Gestirnen werden durch das göttliche Walten die erstarrten Weltstoffmassen mehr und mehr gelockert. Die sich lösenden luziferischen Lebensfunken werden nach Gottes liebe-weisem Heilsplan in den Reichen der Naturwelt von den Engeln, den Dienern des Schöpfers, in immer neue geistige Läuterungsschulen gebracht. Dies, indem sie - zu stets reicheren Verbänden oder "Seelen" vereinigt - in immer höheren Lebensformen stufenweise durch das Mineral-, Pflanzen- und Tierreich emporgeführt werden. (Darwins Entwicklungslehre in allumfassender geistiger Sicht!) -

Auf diesem geistig-leiblichen Entwicklungsweg werden die "Naturseelen" im Bau und Gebrauch ihrer jeweiligen Lebenshüllen (alle Gebilde der drei Naturreiche) angeleitet. Sie beginnen damit, ihre widergöttliche Selbstsucht nach und nach zu überwinden und sich zur himmlischen Ordnung des Dienens in gegenseitiger Liebe zu bekehren. (Aufbau gemeinsamer Verbände, Organismen.) So predigt auch das Evangelium die "Erlösung aller Kreatur" durch die Macht der Liebe.

6. Den Menschen - das Endziel dieser Entwicklung:

Die auf diese Weise aus der luziferischen Materie aufgestiegene Menschenseele soll - unter dem Einfluss eines ihr eingehauchten Gottesgeist- oder

Liebefunkens - sich nun im irdischen Leben bewähren. Durch freiwillige Erfüllung der Liebesgebote Gottes soll sich der Mensch immer höher bis zur wahren Gotteskindschaft entwickeln. um schließlich am Ziel der Vollendung zur wahren Freiheit und Seligkeit des ewigen Lebens einzugehen.

7. Die Wesenheit Jesu Christi:

Als die Schöpfung so weit gereift war, um die höchste Enthüllung der göttlichen Liebe - die Gottheit als "Vater" - zu fassen, wählte Gott unsere äußerlich so unscheinbare Erde zur größten Liebetat seiner Erbarmung aus. Hier, wo der innerste Geistkern Luzifers gebannt gehalten wird, hüllte Gott sein geistmenschliches Urmachtzentrum ins Gewand der Materie. ("Und das Wort ward Fleisch.") In Jesus Christus trat Gott selbst ins Menschenreich, um dieses und alle Geister der Unendlichkeit zu belehren. Als höchstes Zeugnis der Liebe zog Er selbst das Kleid der Materie an, um die Gefallenen aus ihrem Gerichte zu erlösen und die Geläuterten wieder ins Vaterhaus zurückzuführen. (Gleichnis vom verlorenen Sohn.)

Jesu Geist, das heilige Urmachtzentrum Gottes, ist der "Vater". Jesu Seele (und Leib), d.h. sein Menschliches, ist der vom Vater geschaffene "Sohn". Die in die Unendlichkeit ausstrahlenden Gotteskräfte, ausgehend vom Vater durch den Sohn, sind der "Heilige Geist". Und so sind in Christus vereint Vater, Sohn und Hl. Geist (Lösung der Dreieinigkeitsfrage!). Jesus: "Wer mich sieht, der sieht den Vater" und "Ich und der Vater sind eins!"

8. Den Heilsweg zur geistigen Wiedergeburt:

Als einzigen, zu Vollendung und ewigem Leben in Gott führenden Heilsweg lehrte Jesus das Grundgesetz der ganzen Schöpfung: "Liebe Gott über alles und deinen Nächsten wie dich selbst!" Weder äußerliche Werkgerechtigkeit (Sakramentenempfang) noch äußerliche Glaubensgerechtigkeit (Bekenntnisglaube) genügen; sie sind bestenfalls Hilfsmittel für den Heilsweg der reinen, tatkräftigen Liebe, dem Urgrund alles Seins.

Ist im Menschen mit Hilfe des Gottesgeistes die reine Himmelsliebe zum unbeschränkten Herrscher geworden, dann ist der Mensch dem Gerichte der Materie entronnen und hat die geistige Wiedergeburt erreicht. Mit dem ihr eingepflanzten Gottesgeist völlig verbunden, vermag die geläuterte Seele sodann zu einem wahren Gotteskind zu werden, "eins" mit ihrem Schöpfer und himmlischen Vater und ewig teilhabend an der Fülle seiner göttlichen Lebens- und Wirkungskräfte.

9. Die Fortentwicklung im Jenseits:

Die meisten Erdenmenschen treten nach ihrem Leibestod noch unvollendet in die feinstofflichen Jenseitssphären ein. Ihnen bietet die göttliche Liebe drüben neue Schulungsstätten, um schließlich alle - wenn auch oftmals auf weit schwierigeren und peinvolleren Wegen - doch noch zur Vollendung zu führen. Denn der göttliche Plan einer allgemeinen Erlösung kennt keine ewige Verdammnis!

Um das Endziel zu erreichen, gelangen die noch unreif aus dem Leben scheidenden Seelen im "Jenseits", d.h. in der irdisch unsichtbaren geistigen Welt zunächst in eine Art Traumleben. Hier wird ihnen zu ihrer Belehrung ein von ihren Schutzmächten geleitetes innergeistiges Schauen und Erleben zuteil, das je nach ihrer guten oder bösen Gesinnung ein paradiesisch-wonnevolles oder höllisch-qualvolles Empfinden hervorruft. "Himmel und Hölle" sind somit keine Örtlichkeiten, sondern geistige Entwicklungszustände der Seele. - Stark selbstische, erdgebundene Seelen werden auch durch Wiedereinzeugung (Reinkarnation) auf anderen stofflichen Welten oder zuweilen auch auf unserem Erdplaneten weiter geschult.

10. Das Ziel der Vollendung:

Seelen, die sich auf Erden oder in der jenseitigen Welt zur reinen Gottes- und Nächstenliebe läutern ließen, gelangen zu stets neuer und beseligender Wirklichkeit. Ihre geistige Schau und Wirkungsmacht erweitert sich in den dreifach gestuften Himmeln, entsprechend der Reinheit und Stärke ihrer Liebe. Die endloser Steigerung fähige Seligkeit der Vollendeten besteht in immer tieferer Erkenntnis Gottes, immer größerer Liebe zu Ihm und all seinen Geschöpfen, sowie in stets wirkungsreicherer Mittätigkeit am hohen Werke der Schöpfung als der Offenbarung alles Seins und

Lebens.

* * * * * * *

Schon diese kurzen Andeutungen lassen erkennen, dass bei den neuen Offenbarungen Gottes (den "Wolken des Himmels", siehe Daniel 7,13 und Matthäus 26,64, *HH*) eine geistige Religion von größter Weite, Einheitlichkeit und Folgerichtigkeit vorliegt. Sie vermittelt eine erhabene Lebenslehre reinster Liebe und höchster Tatkraft, in der die Gottheit, der Vater in Jesus, den Grundstein bildet.

Die ganze Fülle und Vielseitigkeit der Lehre eröffnet freilich erst das eingehende Studium der Wiederkunft JESU im Wort Seiner Neuoffenbarungen. Diese bieten gerade das, worum die besten Geister unserer Generation zutiefst ringen: eine Synthese zu finden zwischen der Heilandslehre der Bibel und dem Entwicklungsgedanken der Wissenschaft. Daraus ergibt sich ein übereinstimmendes, an kein konfessionelles Bekenntnis gebundenes Christentum, das durch seinen Ethos der Liebe und die Tiefe seiner Erkenntnis alle Menschen zu einer hochgesinnten Geistes- und Lebensgemeinschaft zu einen vermag.

Aus "Ein Mann hört eine Stimme", Lorber-Verlag Bietigheim

Jakob Lorber und die Neuoffenbarung

Jakob Lorber (1800 - 1864) war ein von Gott erwählter Mann. Sein prophetisches Werk, das ihm durch inneres göttliches Diktat mitgeteilt wurde, wird in seiner Bedeutung in unserer Zeit immer mehr erkannt. Das 25bändige Werk schließt alle Fragen auf, die uns über die Heilsgeschichte, ja sogar über die gesamte Schöpfungsgeschichte bewegen. Da wird sowohl die Entstehung wie auch der Aufbau der Welten in ihrem physischen, astralen und geistigen Bereich bis ins kleinste durchleuchtet. Besonders aber erfahren wir alles über das Wesen Gottes, über die Welt der Engel, die jenseitigen Läuterungsstufen der Seelen nach dem irdischen Tod und, im Mittelpunkt stehend, das Wesen des Erlösers Jesu Christi.

Am 15. März 1840 vernahm er beim Morgengebet „in der Gegend des Herzens“ eine Stimme, klar und hell, die ihm gebot: „Steh auf, nimm deinen Griffel und schreibe!“ Diesem geheimnisvollen Rufe gehorchend schrieb er die folgenden Worte nieder: „So sprach der Herr zu mir und in mir (Jakob Lorber) für jedermann, und das ist wahr, getreu und gewiss: Wer mit Mir reden will, der komme zu Mir, und Ich werde ihm die Antwort in sein Herz legen. Jedoch die Reinen nur, deren Herz voll Demut ist, sollen den Ton Meiner Stimme vernehmen. Und wer Mich aller Welt vorzieht, Mich liebt wie eine zarte Braut ihren Bräutigam, mit dem will Ich Arm in Arm wandeln. Er wird Mich allezeit schauen wie ein Bruder den anderen, und wie Ich ihn schaute schon von Ewigkeit her, ehe er noch war.“

Lorber hatte zuvor gerade das unerwartete Angebot erhalten, an der Oper in Triest die Stelle eines zweiten Kapellmeisters zu übernehmen und schon alle Reisevorbereitungen getroffen. Doch nach diesem ihn tief erschütternden Ereignis entsagte er, jetzt schon im 40. Lebensjahr stehend, diesem verlockenden Angebot und widmete sich fortan als „Schreibknecht Gottes“, wie er sich zuweilen nannte, bis zu seinem Lebensende der Niederschrift dessen, was er in sich durch das „Innere Wort“ vernahm und als Stimme Jesu Christi, das lebendige Wort Gottes empfand. Seinen oft dürftigen Lebensunterhalt musste er nun weiterhin als Musiklehrer und Klavierstimmer verdienen, weil er sein ansehnliches Erbteil seinem Bruder zum Existenz-Aufbau leihweise überlassen hatte, aber zeitlebens nichts mehr davon zurückerhielt.

Für den Gesamtinhalt der Niederschriften Lorbers hat sich unter ihren Freunden seit langem die Bezeichnung „Neuoffenbarung“ (im Unterschied zur biblischen „Altoffenbarung“) eingebürgert. Sie will die ursprüngliche und vollständige Gottes-, Erlösungs- und Heilslehre, deren Kenntnis Jesus zum Teil seinen Aposteln und engsten Schülern vorbehalten musste, den Menschen des Industrie- und Informationszeitalters frei von traditionellen und modernen Irrtümern und Entstellungen, zusammen mit weiteren, erst den Menschen unseres Zeitalters begreiflichen Enthüllungen zugänglich machen. Das betrifft die im Mittelpunkt stehende Gottes- und Heilslehre wie auch die Aufschlüsse über die geistige Urschöpfung, den Entstehungsgrund und Zweck des materiellen Universums sowie die Läuterung und Weiterentwicklung irdischer Verstorbener in den verschiedenen jenseitigen Sphären.

Die Neuoffenbarung macht uns auch wieder bekannt mit den gesetzmäßigen Entsprechungen zwischen Dingen und Vorgängen in der geistigen und in der natürlichen Welt und dem rechten Verständnis ihrer Bildersprache. Die Kenntnis der geistigen Entsprechungen, zur Zeit Jesu nur noch wenigen Eingeweihten geläufig, ist der Schlüssel zum wahren Verständnis des inneren Sinns vieler Texte des Alten und Neuen Testaments, besonders des Johannes-Evangeliums als des geistigsten (übrigens auch in äußeren Dingen zuverlässigsten) der Evangelien, der Geheimen Offenbarung des Johannes und auch zahlreicher Texte der Neuoffenbarung.

Letztere bietet auch die beste Grundlage für eine wirklichkeitsgerechte Verbindung von geistiger Religion und wahrer Naturerkenntnis in einem Weltbild, in das die schon in frühchristlicher Zeit verlorengegangene kosmische Dimension und auch der Bereich des Übersinnlichen (heute als Parapsychologie und Paraphysik bezeichnet) wieder einbezogen sind. Auch in der Bibel berichtete außergewöhnliche, gemeinhin als „Wunder“ bezeichnete Ereignisse und Taten, deren Tatsächlichkeit zumeist geleugnet wird, verlieren durch die Neuoffenbarung den traditionellen Nimbus des unerklärlichen Mirakels, weil sie, auch für menschliche Vernunft nachvollziehbar, einer höheren geistgelenkten Naturgesetzlichkeit unterliegen. Christentum und Wissenschaft, Schöpfungslehre und Entwicklungsgedanke, Herzenserkenntnis und rationales Denken verbinden sich in der Neuoffenbarung zu einem übereinstimmenden, an kein konfessionelles Bekenntnis gebundenen Christentum. Es vermag in Jesus Christus alle Menschen zu vereinen in der Liebe zu Gott und tätiger Menschenliebe und Fürsorge für die uns anvertraute Schöpfung.

Von den 25 umfänglichen Bänden und einer Reihe kleinerer Schriften des Lorberwerks seien hier nur das „Große Evangelium Johannes" und die „Jugend Jesu" genannt. Im „Großen Evangelium Johannes" besitzen wir gemäß biblischer Verheißung in Joh. 14,26 eine eingehende Schilderung der Lehrtätigkeit und des Wirkens Jesu. Wir werden gleichsam Ohrenzeugen auch jener Lehrgespräche, die Jesus nur im Kreise seiner reiferen Jünger und Freunde führen konnte und die, wie auch manche Heilungen, nicht zur späteren Aufzeichnung in den biblischen Evangelien bestimmt waren. Das zehnbändige Werk bildet gleichsam die „authentische Langfassung" des biblischen Johannes-Evangeliums, dessen Chronologie es folgt, und ist das Herz- und Hauptstück der Gottesbotschaft durch Jakob Lorber.

Die „Jugend Jesu“ macht uns wieder mit dem seit frühchristlicher Zeit – bis auf geringe Teile, die in der „Berlenburger Bibel“ überliefert sind – verschollenen vollständigen Jakobusevangelium vertraut. Der von Jakobus dem Älteren (dem jüngsten Sohn Josephs aus erster Ehe und Helfer Marias bei der Betreuung ihres Kindes Jesus) verfasste ausführliche Bericht über Empfängnis und Geburt Jesu, ferner die mit römischer Hilfe gelungene Flucht der Familie vor dem Kindesmörder Herodes nach der damaligen Stadt Ostracine in Ägypten, ihr dortiger Aufenthalt und die Rückkehr nach Nazareth –, und vieles Weitere wird in einer Weise geschildert, die unser Gemüt tief anrühren, uns das Empfinden unmittelbaren Beteiligtseins vermitteln und etwas vom Wirken des Gottesgeistes im Kinde Jesus verspüren lassen kann.

Nach den prophetischen Kundgaben Lorbers

vor 150 Jahren steht die Menschheit gegenwärtig mitten in der größten inneren und äußeren Umwälzung ihrer Geschichte und durchläuft in diesen Jahrzehnten den letzten, äußerst turbulenten und durch menschliches Fehlverhalten, zunehmende Naturkatastrophen und technische Großunfälle geprägten Abschnitt (End- und Wendezeit) vor dem Durchbruch in ein neues Zeitalter, dem verheißenen Friedensreich Jesu Christi, in dem die Menschen den Geist Seiner Liebe in sich zur Herrschaft gelangen lassen.

Hermann-Josef Brodesser, Lorber-Verlag

Die Hauptwerke der Neuoffenbarung Gottes an Jakob Lorber

Die Haushaltung Gottes – 3 Bände:

Dieses Werk behandelt in einer machtvollen Propheten-Sprache die Hauptgrundfragen allen religiösen Denkens: Das Wesen Gottes, die Urschöpfung der Geisterwelt, die Entstehung der (materiellen) Sinnenwelt, die Erschaffung des Menschengeschlechts und die Urgeschichte der Menschheit bis zu der großen vorderasiatischen Erdkatastrophe der Sintflut. Was die ersten Kapitel der Bibel gewissermaßen in einem Samenkorn geben, das finden wir in dieser „Haushaltung" als einen mächtigen, das Samenkorn erst recht bestätigenden und verherrlichenden Baum der Erkenntnis. Das Wesen Gottes und seiner geistigen und stofflichen Schöpfung wird uns hier in unvergleichlicher Weise vor die Seele geführt, sowohl nach der unnahbar erhabenen Seite, wie nach der bis ins Kleinste sich hinab beugenden Liebe Gottes. Und ein tiefer, voller Strom des Lichts fällt schließlich in der Urgeschichte der Väter auf den wahren Zweck und Sinn und auf die Führungen des menschlichen Lebens.

Band 1 – Die Urgeschichte der Menschheit

- Das Geheimnis der Schöpfung
- Die Urzeit der Erde und des Mondes
- Der Sündenfall
- Die Geburt Cahins und Ahbels
- Die Entwicklung von Cahins Geschlecht
- Gründung der Stadt Hanoch in der Tiefe
- König Hanochs gottlose Regierung
- Die Nachfolger Hanochs bis zu König Lamech
- Urgeschichte des chinesischen Volkes

- Gegensätze zwischen Gott und den Menschen
- Gründung der ersten ordnungsmäßigen Kirche dieser Erde
- Vom Wesen der Zeit und der Ewigkeit
- Vom Wesen des Lebens
- Eine Verheißung des Herrn u.a.

Band 2 – Aufstieg und geistige Blüte des ersten Weltreiches Hanoch

- Ehestiftungen durch den Herrn: Lamech und Ghemela werden die Eltern Noahs sein
- Henoch vom Herrn zum Hohepriester eingesetzt und des Herrn Verheißung an ihn
- Die Verklärung Sehels
- Lamechs Bekehrung
- Erbauung des ersten Tempels in Hanoch
- Henoch: alleiniger Hohepriester dieser Zeit, „da Himmel und Erde in Eines geflossen sind“
- König Lamech: Oberpriester des neuen

Tempels

Band 3 – Die ersten Hochkulturen - Entartung und Untergang in der Sintflut

- Liebesbund des Herrn mit der ganzen Erde
- Szene mit Satana
- Hanochs Goldenes Zeitalter im geistigen Sinne
- Verbannung Satanas durch Henoch in den Mittelpunkt der Erde
- Adams und Evas Tod
- Henochs Hinwegnahme
- König Lamechs Tod
- Allmählicher moralischer Verfall auf der Höhe und in der Tiefe
- Massenzuwanderung von Männern und Frauen der Höhe ins Riesenreich Hanoch und neuer moralischer Niedergang
- Hochblüte der Technik und Zivilisation, großartige Stadtkulturen
- Einführung des Heidentums in Hanoch

- Machtkämpfe, Intrigen und Kriegswirren im ganzen Reich
- Mahal (Bruder Noahs) und seine Kinder verstrickt in die tragischen Ereignisse der Tiefe
- Beginn der durch die Völker der Tiefe selbst verschuldeten Sündflut
- Mahals Verklärung und Engelsdienst in der Führung der Arche Noahs. Anhang: die vornoahische Gestalt der Erde

Kindheit und Jugend Jesu:

Bei diesem Werk handelt es sich um das durch J. Lorber wieder-empfangene Jakobus-Evangelium. Der Herr hatte ihm diese Neuoffenbarung schon im voraus am 22. Juli 1843 angekündigt und hinzugefügt: „Jakobus, ein Sohn Josephs, hat solches alles aufgezeichnet; aber es ist mit der Zeit so sehr entstellt worden, dass es nicht zugelassen werden konnte, als echt in die Schrift aufgenommen zu werden. – Ich aber will dir das echte Evangelium Jakobi geben, aber nur von der Zeit an, da Joseph Maria zu sich nahm. Jakobus hatte auch die Lebensbeschreibung Mariens von ihrer Geburt an mit aufgenommen sowie die des Joseph."

Und nun empfing der auserwählte Mittler durch die Stimme des Geistes in seinem Herzen eine umfassende, wunderbare Schilderung der Geburt und Kindheit Jesu von so inniger, erhebender Schönheit und Macht, dass wohl kein Herz den göttlichen Ursprung und die Wahrheit dieses kostbaren Schriftwerkes verkennen kann. Das Werden und Sich-entfalten des Jesuskindleins unter der Obhut Marias im Hause des Pflegevaters Joseph, auf der Flucht nach Ägypten und dann wieder zu Hause, in Nazareth, entrollt sich vor unseren Augen.

Wir erleben das erste wunderbare Wirken und Sichbekennen des Gottesgeistes in dem Kindlein und empfangen mit freudigem Staunen ungeahnte Einblicke in das heilige Geheimnis der Person Jesu. Es wird uns die beseligende Gnade, im „Sohne“ den „Vater“ zu erkennen und mithin in Jesus „Vater, Sohn und Heiliger Geist“ vereinigt zu finden.

Mit den Bruchstücken der alten Überlieferung in der Berlenburger Bibel ist – bei Berücksichtigung der diesem Text widerfahrenen Veränderungen und Entstellungen – eine starke, teilweise wörtliche Übereinstimmung festzustellen. Und so beweist der Inhalt, dass uns in dieser Jugendgeschichte Jesu durch Jakob Lorber tatsächlich eine alte christliche Urkunde von unschätzbarem Wert neu gegeben ist.

Das große Evangelium Johannes 11 Bände:

Ist es nicht der Wunschtraum eines jeden Christen, möglichst das Ganze über Jesu Erdenwirken zu erfahren? Da die Evangelien aber mehr oder minder im Rahmen einer historischen Berichterstattung bleiben, muss es auch Propheten geben, die Eingeweihten-wissen vermitteln. So war der Menschheit der Heilige Geist verheißen worden, sie „alles zu lehren und an alles zu erinnern“. Gemäß Joh. 16,12-13 lautete ein bezügliches Wort Jesu an die Jünger:

> „Ich habe euch noch viel zu sagen; aber ihr könnt es jetzt nicht tragen. Wenn aber jener, der Geist der Wahrheit, kommen wird, der wird euch in alle Wahrheit leiten. Denn er wird nicht von sich selber reden; sondern was er hören wird, das wird er reden, und was künftig ist, wird er euch verkünden.“

Eine solche Verkündung aber konnte, wie eh und je, nur Aufgabe der Prophetie sein. So gab es auch in allen Jahrhunderten, angepasst an den Reifezustand der Menschen, eine solche nachchristliche Einweihung durch das direkte innere Wort. Das größte Einweihungswissen ging selbstverständlich von Christus selber aus, wie er es im

Kreise seiner Jünger auf Erden weitergab. Dass vieles davon unter Schweigegebot stand, bezeugt die Bibel. Mit dem Hauptwerk Jakob Lorbers „Das Große Evangelium Johannes“ wird uns auf dem Hintergrund des Lebens Jesu die ganze Lehre, die ganze Heilsgeschichte, das Wunder von der Begegnung des Göttlichen mit dem Menschlichen in aller Tiefe erschlossen. Dabei gibt Jesus selbst als Sprecher und Erzähler uns authentische Berichte von seinen Erdentagen.

Von der Hölle bis zum Himmel – 2 Bände:

Mit welcher Gewalt manche Seele im Jenseits von der Gottesliebe ergriffen wird, sobald sie nur in eine lichtere Sphäre gelangt ist, zeigt uns das Beispiel von Robert Blum. Auf Erden hatte er sich als Revolutionär aus Überzeugung mit Feuereifer für die Belange der unterdrückten Schichten eingesetzt. In Dingen der Religion aber war er indifferent und skeptisch geblieben. Drüben allerdings lernte er dann sehr bald die Führungen Gottes kennen. Die Lehre von der Eigenverantwortung des Menschen, die sein Schicksal auch nach dem Hinübertritt bestimmt, wird von Stufe zu Stufe lebendig miterlebt. Und manche drastisch-realistisch geschilderte Szene in der Geisterwelt beweist uns, dass der Mensch nach dem Ablegen seines Erdenleibes zunächst ganz derselbe Mensch bleibt, mit seiner Sprache, seinen Ansichten und Gewohnheiten, Neigungen und Leidenschaften, wie während seines Leibeslebens. Das geistige Wachstum im Jenseits hängt – drüben wie hier – einzig davon ab, wie das Grundgebot der Gottes- und Nächstenliebe verwirklicht wurde und wird. Im gleichen Maße wächst auch die Christus-Erkenntnis, und alle Kräfte helfen mit, besonders die Engel und auch der Herr selbst, dass eine geläuterte Seele zu ihrem eigentlichen Erlösungsziel gelangt.

Bischof Martin:

Wir sehen hier einen Menschen, wie er nach seinem letzten irdischen Atemzug das große Tor zum Jenseits durchschreitet. Drüben angekommen, bildet sich seine „Sphäre“ – zunächst einem Traumleben gleich, das noch ganz seine irdischen Irrtümer, Vorstellungen und Wünsche wider-spiegelt. Wir begleiten ihn bei seinen mannigfachen Vor- und Rückschritten auf dem Pfad der Erkenntnis und sehen, wie sich ihm mancherlei höhere Geistwesen und Engel zugesellen, die ihn durch läuternde und belehrende Erlebnisse für eine wahre Erkenntnis Gottes zubereiten.

Wir verfolgen, wie es immer lichter in der Seele des einstigen Bischofs wird und ihn sein geistiges Erwachen endlich in die hohen Welten der himmlischen Sphären führt. Seine wachsende Liebe lässt ihn nun das Göttliche in Jesus als den Vater der Ewigkeit erkennen, und damit tritt er in den Zustand seiner Vollendung ein, in die Gotteskindschaft mit all ihrer Freiheit, Schöpfergabe und Seligkeitsfülle. Wer die ersten Szenen dieses jenseitigen Schulungswerkes mit dem erreichten Endziel vergleicht, wird ermessen, welchen Weg ein Menschengeist zu durchschreiten vermag, der sich von Sphäre zu Sphäre durchringt bis zu den höchsten Höhen.

Für den aufgeschlossenen Leser bildet dieses Buch nicht nur ein beglückendes Zeugnis für die liebe- und weisheitsvolle Führung des Menschen nach seinem Erdenleben. In den Gesprächen und Erlebnissen Martins mit vollendeten Geistern wie Petrus und Johannes und zuletzt mit dem Herrn selbst findet jeder Suchende eine Überfülle klarster Antworten auf die Fragen nach den Letzten Dingen. Und ihn weht eine heilige Ahnung an von der Unermesslichkeit der großen Schöpfungsidee, aber auch von der Würde des Menschen, wenn er in der erreichten Gotteskindschaft zur Krone der Schöpfung herangereift ist.

Die geistige Sonne – 2 Bände:

Dieses große Lehrwerk von den Zuständen des Jenseits führt uns gleichsam in zehn Geistersphären, das heißt, wir treten in das innere Blickfeld von zehn verschiedenen Geistwesen, die einst irdisch verkörpert waren. Ihre hohe und höchste Erkenntnis hat durch den Grad ihrer Liebe zum himmlischen Vater die verwandte, jedoch eigen geprägte Art ihrer seelischen Welten gestaltet.

Mit dem Eintritt des Lesers in die Sphären dieser zehn Geister – darunter sich die Apostel Petrus, Markus und Paulus, der Prophet Daniel, der Seher Swedenborg und zuletzt Johannes als der Inbegriff errungener Liebeweisheit befinden – erschließt sich ihm ein geistiges Bild von überwältigender Größe und Weite.

In sich stets steigernden Bildern und Szenen, die zugleich eine einmalige Schule der wichtigen Entsprechungslehre bilden, erhalten wir Einblicke in die Geheimnisse der Naturschöpfung von der

Erde bis zu den Zentralsonnen. Darüber hinaus eröffnen sich aus der Sphäre dieser erleuchteten Geister Zusammenhänge zwischen den sichtbaren Welten des Universums und den unsichtbaren des geistigen Alls, die geeignet sind, das zu eng gewordene Weltbild von heute grundlegend umzuformen und zu einer überzeugenden Klarheit zu führen.

Hier reichen sich wahre Religion und Wissenschaft die Hand zu einem neuen Bund des schauenden Erkennens, und der Menschengeist beginnt etwas zu ahnen von der grenzenlosen Liebe, Weisheit und Allmacht des Schöpfers, welcher auf millionenfachen Wegen alles erdhaft Gebundene in die wahre Freiheit des Geistes zurückführt.

Die 3 Tage im Tempel:

Diese Schrift gibt einen Bericht der Vorgänge im Tempel, als der zwölfjährige Jesusknabe drei Tage lang unter den Lehrern und Ältesten weilte und mit ihnen tief-weise Gespräche, namentlich über die Messiasfrage, führte, worüber bei Lukas 2,47 nur knapp berichtet ist: „Und alle, die ihm zuhörten wunderten sich seines Verstandes und seiner Antworten.“

Paulus' Brief an die Gemeinde in Laodizea:

Der Brief des Paulus an die Christengemeinde in Laodizea (erwähnt in Kol. 4,16) musste bis heute trotz eifriger Nachforschungen als verloren gelten. Auch dieses verschollene, wichtige Dokument aus der Zeit der jungen Christengemeinden wurde an Jakob Lorber durch inneres Diktat neu gegeben. Paulus, der sich leidenschaftlich für die Reinhaltung des Evangeliums einsetzte, führt in diesem Brief an die Laodizäer scharfe Klage, da sie ähnlich wie die Kolosser aus dem reinen Geistchristentum in ein zeremonielles Kirchen-christentum verfallen waren.

Erde und Mond:

Hier offenbart sich die Erde als ein kosmischer Körper, in dem es nichts Totes, Unbelebtes gibt, als ein pulsierender Organismus mit allen Organen, wie sie analog dem irdischen Menschenleib zu eigen sind. Es eröffnet sich eine innere Wunderwelt, in der gewaltige Elementarkräfte den Ausdruck eines plan-beseelten Entwicklungsvorgangs bilden, auf den alles Naturgeschehen hinzielt. Enthüllt schon der erste Teil dieser Schrift (die natürliche Erde) neben der materiellen Beschreibung des Erdkörpers vieles von dem naturgeistigen Sinn, so schildert der zweite Teil (die geistige Erde) die metaphysischen Zustände, die der Erde zugehören. Indem diese Darstellungen vom Wesen der Urschöpfung ihren Ausgang nehmen, wird damit das ganze Werk zu einer geistigen Lichtquelle höchster Erkenntnis. Im Anhang dazu findet sich als dritter Teil (der Mond) eine Schilderung der natürlichen Mondwelt mit der verschiedenen Beschaffenheit beider Mondhälften und ihrer Lebensbedingungen.

Jenseits der Schwelle:

Über die jenseitigen Schicksale der Seelen ist noch immer wenig bekannt, da ja jede Seele entsprechend ihrem Erdenleben zunächst eine ihrem inneren Zustand entsprechende Welt erwartet. Das Sterben des Menschen, sein Übertritt zunächst in eine aus seinen Gefühlen, Begierden und Vorstellungen erschaffene Traumwelt, und seine durch leitende Geister und Engel unterstützte Jenseitsführung werden in teils angenehmer, teils erschreckender Art beschrieben.

Quelle: Lorber-Verlag, Bietigheim, Bestellungen hierüber möglich

Schlussbemerkung

Jakob Lorber hat die umfassendsten und größten Offenbarungen erhalten. Auch als sehr bedeutend können die Schauungen Emanuel Swedenborgs angesehen werden, welche im 18. Jahrhundert eine Art Vorläuferschaft zu den im 19. Jahrhundert gegebenen großen Enthüllungen des Herrn durch Jakob Lorber darstellen.

Ebenfalls sehr Aufschlussreich sind die Einzelkundgaben, die Gottfried Mayerhofer, Max Seltmann und Bertha Dudde niederschrieben.

Bei aller Wortfülle sollte jedoch beachtet werden, dass die Offenbarungen immer mit der rechten Liebe zu Gott gelesen werden müssen, um den Geist Gottes im Menschen zu erwecken und Diesen dann, nach Anleitung durch das Gotteswort, in der Seele auch tatkräftig auszubilden.

Ich danke dem Lorber-Verlag in Bietigheim für die freundliche Genehmigung. Alle Bücher der

Neuoffenbarungen Jesu Christi, welche Jakob Lorber, Gottfried Mayerhofer und andere empfingen, sind dort erhältlich. Die Bezugsquellen weiterer Bücher und Schriften erfahren Sie über das Internet.

Ich wünsche allen Lesern viel Freude und Dankbarkeit mit dem Liebelicht aus der großen Gnade unseres geistigen und ewigen Vaters Jesus Christus.

Hanno Herbst Im Bergfrieden, 23.12.2018

Persönliche Notizen